d

|

Der Vater ist Hauptmann bei den Grenztruppen in Thüringen, die Mutter im sozialistischen Fachhandel, der siebzehnjährige Sohn Bobsportler in Oberhof – eine Familie wie unzählige in der ehemaligen DDR. Im großen und ganzen sind die Hippels zufrieden mit ihrem Leben. Sven erhofft sich eine Aufnahme in den Bob-Auswahlkader – und damit Reisen in den gelobten Westen. Doch aus dem Traum wird nichts. Man findet Sven betrunken im Sperrgebiet: Enttäuschung oder Versuch eines illegalen Grenzübertritts? Trotz dieser für sie heftigen Monate bleiben die Hippels gute Genossen. – Erich Loest erinnert noch einmal daran, wie sich die Menschen im DDR-System eingerichtet hatten und warum sie es so lange aushielten.

Erich Loest, geboren 1926 in Mittweida (Sachsen), seit 1950 freischaffender Schriftsteller, 1957 aus politischen Gründen verhaftet und zu einer siebenjährigen Zuchthausstrafe verurteilt. 1981 verließ er die DDR. 1989 gründete er mit seinem Sohn den Linden-Verlag. Er lebt heute wieder in Leipzig.

Erich Loest

Gute Genossen

Erzählung, naturtrüb

Deutscher Taschenbuch Verlag

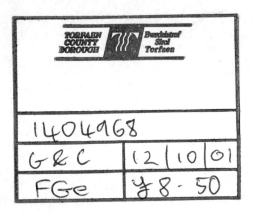

Ungekürzte Ausgabe
Februar 2001
Deutscher Taschenbuch Verlag GmbH & Co. KG,
München
www.dtv.de
© 1999 Linden-Verlag, Leipzig
Umschlagkonzept: Balk & Brumshagen
Umschlagfoto: © photonica/Takeshi Kanazaki
Satz: Steidl, Göttingen
Gesetzt aus der Baskerville Book der Berthold Systeme, Berlin
Druck und Bindung: C. H. Beck'sche Buchdruckerei,
Nördlingen
Gedruckt auf säurefreiem, chlorfrei gebleichtem Papier
Printed in Germany · ISBN 3-423-12861-5

Inhalt

Allen ehrlichen Trägern des
»Abzeichens für gutes Wissen« in Bronze
von einem der Ihren gewidmet

Kaderakte

Der siebzehnjährige Sven Hippel trainiert seit zwei Jahren in unserem Stützpunkt. Wenn man berücksichtigt, daß er aus dem Flachland – Leipzig – stammt und erst seit dieser Zeit mit dem Bobsport in Berührung gekommen ist, darf man mit seinen Fortschritten zufrieden sein. Seine körperlichen Voraussetzungen sind ausgezeichnet. In das Kollektiv paßt er sich ein. Den Trainern gegenüber verhält er sich höflich. Eine Übernahme in den A-Kader und damit ins Internat kann im gegenwärtigen Zeitraum nicht ins Auge gefaßt werden, dazu wären Steigerungen notwendig. In jedem Fall halten wir es für angebracht, wenn er vorher seine Lehre als Betonfacharbeiter beendet. Er stammt aus einer staatsbewußten Familie, beide Elternteile sind Mitglieder der Partei der Arbeiterklasse. Keine Westverwandtschaft. Seine politisch-ideologische Einstellung ist positiv.

Die Leitung des Stützpunktes erkennt in Sven Hippel eine Begabung, die an höchste Aufgaben herangeführt werden kann, wenn in ihm die notwendige Bereitschaft zu maximaler Anstrengung aufrecht erhalten wird.

Oberhof, 4. April 1978

Kadergespräch

Nun, Genosse Hippel, die Kaderkommission hat beraten. Hauptmann mit dreiundvierzig ist nich doll, das wissen Sie selber, so weit sind andere mit dreißig. Anfangs ist es mit Ihnen etwas schleppend gegangen, warum? Die Beurteilung der letzten Jahre ist gut, nur fehlt ein bißchen Glanz. Sie müßten einen Ruck machen, um Major zu werden – dann stehen Ihnen alle Türen offen bis zum Oberst, das ist Fakt. Andererseits, Sie wissen, lassen wir niemanden fallen. Der Übergang ins Zivilleben nach ehrenvoller Entlassung würde im Einvernehmen mit Ihnen gründlich vorbereitet. Vieles ist möglich: Hauptamtlich zur GST*, Kaderleiter, Lehrer für Stabü** an 'ner Berufsschule, dort auch für die vormilitärische Ausbildung verantwortlich, dies und das im Staatsapparat, Fuhrparkleiter in 'nem Großbetrieb – Sie könnten sich allerlei aussuchen. Sie schütteln den Kopf – auch uns ist es lieber, wenn Sie bei unseren Grenztruppen bleiben. Das ist Fakt. Also bringen wir Schwung in Ihre Laufbahn. Dazu muß uns heute noch gar nichts Konkretes einfallen. Einverstanden? Sie auch, Genosse Hippel? Das ist immer die Hauptsache, nuwwr?

---

* GST – Gesellschaft für Sport und Technik, paramilitärische Ausbildungseinheit für Jugendliche
** Stabü – Staatsbürgerkunde

1. Wahnsinnig behaarte Gelenke

Als Marion Hippel den Laden aufschloß, lungerten schon drei Opas vor der Tür und mindestens zwei auf der anderen Straßenseite. Manchmal war sie gefragt worden: »Schangse heude?« worauf sie die Schultern gezuckt oder etwas Dämliches geantwortet hatte wie: »Hängt vom Wetter ab.«

Es war zwei vor neun, so sperrte sie sofort wieder zu. Im Büro zog sie die Gardine zur Seite und ließ Luft herein. Bis Mittag würde sie den Laden schmeißen, dann erst war mit Friedeberg, dem Verkaufsstellenleiter, zu rechnen; der hatte bei der Partei zu tun. Wäre natürlich enorm, wenn bis dahin 'ne Lieferung käme.

Sie setzte Kaffeewasser auf. Schon drückte jemand demonstrativ die Klinke herunter, wartete kaum zehn Sekunden und klapperte wie verrückt. Jajaja! Sie öffnete, trat zurück, keiner kam rein. Also bloß Terror.

Gegen halb zehn verkaufte sie ein Radio und später Flachbatterien und Kabel. Durchs Schaufenster beobachtete sie die Typen draußen; jeder hatte glatt fünftausend Mark in der Tasche. Halb zwölf polterte tatsächlich der Lieferwagen vor, da hängte sie das Schild »Wegen Warenannahme geschlossen« ans Fenster und ging in den Flur. Der Fahrer hatte so geparkt, daß die Ladeklappe scharf neben der Haustür runterknallte, er brauchte die Ware keinen Zentimeter weiter zu schleppen als nötig, und im selben Augenblick standen die Rentner im lockeren Pulk so, daß sie alles mitkriegten. Marion Hippel hatte nichts bestellt und ihr Chef auch nicht, vor allem keine Buntfernseher, die wurden von Suhl aus zugeteilt, die würden geliefert oder nicht, und sie kannte den Fahrer noch nicht lange genug, um etwas zu riskieren. Der Fahrer war ein schlaksiger Einsneunziger mit Affenarmen und merkwürdig schlanken Händen. Er umschlang die Kartons wie eine Krake und grinste über den Rand. »Was besonderes?«, und er nuschelte: »Nich für Sie, nee.« Ein paar Radios trug er hinein und zwei sowjetische Fernseher, die keiner wollte, angeblich wurden sie in Riga zusammengeschustert, und Ersatzteile gab's nie. Außerdem brachte er Rohre und Muffen für Antennenmasten, die brauchten sie vor allem unten um den Markt, dort hatten manche zehn Meter hohe Gerüste auf die Dächer montiert und mit Seilen verspannt. Sie hatte es aufgegeben, ansonsten stramme Genossen kritisch anzuglubschen, wenn die sich meterweise Stangen aufluden.

Mit dem Fahrer saß sie noch ein Viertelstündchen im Büro beim Kaffee. Seine Handgelenke waren behaart, geradezu wahnsinnig behaart, vielleicht mußte er die Wolle über den Handrücken abschneiden. Dem Dialekt nach war er Brandenburger, aus Berlin wahrscheinlich nicht. Er durfte ins Sperrgebiet, bot folglich Garantie, daß er politisch einwandfrei war. Das machte den Umgang mit ihm kompliziert. Ja, er kannte Thüringen kaum, mal von seinen jetzigen Touren abgesehen. »Magdeburch wie meine Westentasche, Dresden ooch. Also, da wollen wir mal.«

Sie schloß wieder auf, gleich darauf erschien Friedeberg, und zehn Minuten später war Mittag. Der Verkaufsstellenleiter wärmte ein Süppchen, sein Magen war nicht der beste. Beim Löffeln fing er an zu erzählen. Erst war's wie üblich gewesen: Handel als politische Aufgabe in hoher Qualität zur ständigen Verbesserung und Verbreitung des allseits entwickelten und ausgebauten…»Beim Konsum in der Müntzerstraße klappt was mit der Markenabrechnung nich, wahrscheinlich sind die zu liederlich. Und dann, Marion, wieder deine Sache mit der Wahlkabine.«

»Ich kann's nicht mehr hörn!«

»Deswegen wären bei euch *sieben* Prozent Nein-Stimmen gewesen.«

»Sechskommasechs.«

»Und noch die ungültigen.«

»Ich bin *bloß* in die Kabine…«

»Vielleicht, daß du bei der Kreisleitung…«

»Ich werd' echt verrückt!«

»Kein Parteiverfahren, sondern 'ne Klärung.«

Sie hatte sich zwei Stück Streuselkuchen mitgebracht – wo waren die hin? Hatte sie die aufgegessen, ohne es zu merken? Die Sache lag ein halbes Jahr zurück, und immer noch…

»Ich hab dir nischt davon erzählt, glar?«

Und wenn sie in die Offensive ging? Daß *luschig* ausgezählt worden wäre, daß es überhaupt nicht sein *könnte*…

Die Pause war vorbei, sowas sollte nun Erholung sein. Kalorien im Hintern, und noch nicht mal Vergnügen dabei.

Kurz vor fünf, langsam wollte sie sich einen Überblick über die Kasse verschaffen, hielt der Lieferwagen wieder, und als sie die Haustür geöffnet hatte, stand der mit den tierischen Schlenkern davor, hielt einen Riesenkarton umschlungen und grinste. Buntfernseher! Sofort waren zwei der verdammten Alten da, und ehe sie reagieren konnte, rammelte der eine an der Ladentür, während der andere brüllte: »Der ist für mich«, worauf sie antwortete: »Auf der Straße wird *nie* verkauft.« Dieser Fahrer, dieser blöde Hund. Fast auf seinen Hacken drängte sie in den Laden, da merkte sie, daß Friedeberg doch nicht so dußlig war, denn er hatte die Ladentür verriegelt und das Schild »Wegen Warenannahme geschlossen« angehängt, die beiden konnten mit der Klinke klappern, bis sie schwarz wurden. Der Affenarmige stellte den Karton auf den Ladentisch statt in eine Ecke und hielt den Quittungsblock hin. Sie unterschrieb, und als sie aufblickte, stand noch einer im Laden, knallig buntes Hemd und Schnäuzer, wünschte artig: »Guten Tag!« und lächelte, und sie blaffte sofort, wie er denn reingekommen sei, er antwortete brav: »Durch den Hausflur«, und behielt sein Lächeln, das ihr weniger dreist vorkam, als ihr recht war. Siegerlächeln. »Nun gehen Sie mal hübsch wieder raus! Aber sofort!« Der Kerl blieb stehen, und ihr kam es vor, als würden er und der Affenstrolch einen winzigen Blick des Einverständnisses wechseln, so einen Huschblick von Gauner zu Gauner.

»Aber nur durch die Ladentür! Doch nicht heimlich raus, was ich gar nicht darf, oder?«

Dann wären die Rentner reingeplauzt. Der Kerl war gebräunt, hatte fast weiße Brauen und kurze blonde Haare, etwa getönt? Kleine Ohren lagen eng an und wirkten auf irgendeine Weise gefährlich. Glatte Haut wie von einer wirkungsvollen, seltenen und teuren Creme, mehr Westmensch, solche wie den hatte sie in Leipzig zur Messe beäugt, aber es war undenkbar, daß die Organe* einen BRD-Bürger ins Sperrgebiet gelassen hätten. »Also raus, ich zähle bis drei!«

Er blieb fröhlich: »Eins.« Ihre Blicke trafen sich, und sie registrierte unter ganz schwach gesenkten Lidern eine Festigkeit, keine Dreistigkeit; hinter dem steckte was, Arbeiterinspektion oder Kontrolleur von sonstwoher. Friedeberg schien das auch zu spüren, denn er starrte regungslos auf ein Plakat, das da seit Monaten hing, und der Fahrer nuschelte: »Also dann, bis demnächst«, und verschwand durch die Flurtür. Am Handgelenk des Burschen baumelte ein Täschchen, die Uhr darüber war ein klobiges Protzding, so eines, von dem behauptet wurde, man könnte damit dreihundert Meter tief tauchen.

»Ich nehm ihn gleich mit.«

»Sie nehm garnischt mit!«

»Hab den Wagen um die Ecke.«

»Der Apparat muß erst kontrolliert werden.«

»Dauert zehn Minuten.«

»Woher wissen *Sie* denn das!« Sofort ahnte sie, daß sie einen Fehler gemacht hatte. Er grinste schon wieder, daß es beinahe ein gemeines Feixen war, sie sah die Gesichter der Rentner ans Schaufenster gepreßt, und Friedeberg muffelte traurig: »Ich schließ' mal wieder auf.« Sie hatte verloren, sie konnte den wunderbaren Chromalux 1063 weder den Eltern zuschanzen noch dem, der ihr einen Auspuff für den »Wartburg« versprochen hatte, da war es nichts mit Aal als Freundschaftsgeschenk oder gar

---

* Die Organe – Sammelbegriff für Sicherheitsorganisationen, Volksarmee, Staatssicherheit, Polizei usw.

einer Tiefkühltruhe. Der Kerl guckte nun Westen in Farbe. Das Prachtstück war futsch, sie konnte nur noch schwach probieren: »Können Sie auch bezahlen? Wissen Sie denn...«

Der Mann fummelte sein Täschchen vom Handgelenk und legte es behutsam auf die Theke.

Eine Viertelstunde später, als der Schuft mit dem Karton verschwunden war und sich der Krakeel der Rentner gelegt hatte, verfestigte sich der Gedanke, daß hinter der ganzen Sache der Fahrer stecken *mußte,* daß dieses Ding perfide eingefädelt war und rasant geklappt hatte. Da hatten zwei Profis zusammengearbeitet. Kein Wort zu Friedeberg. Mal abends zu Hause alles auseinanderklamüsern. Und künftig den Fahrer sachte, unauffällig einbeziehen. Ihm auf den Kopf zusagen, daß sie das ganze kapiert hatte? Ihn sogar loben, dann abwarten, wie er reagierte?

Behaarte Männer waren sinnlich, hieß es. Hatte ihre Schwester immer behauptet. Das meiste über Männer wußte sie von ihr. Na, ein bißchen auch aus der eigenen Bratpfanne. In diesem Nest würde nichts hinzukommen. Sie erschrak: Wurde, wer sowas dachte, langsam alt?

Dieses Kaff mit seinen dreitausend Hinterwäldlern, die absolute Inzucht. Die Grenzer hatten keine Zeit und wohl auch keine Lust, für blutwarme Auffrischung zu sorgen. Sperrgebiet sogar für Spermien, sozusagen.

Feierabend in einer halben Stunde. So langsam konnte sie sich um die Kasse kümmern mit den 4730 Mark aus dem dekadenten Baumeltäschchen. Wenn jetzt noch jemand etwas würde kaufen wollen, wüßte sie erprobte Antworten: Kam nächste Woche viel*leicht* wieder. Ausstellungsstücke sind vom Umtausch ausgeschlossen. Mußte noch kalkuliert werden – bis morgen nachmittag viel-*leicht*.

Niemand kam.

*

Hippel, der Hauptmann, streckte die Beine aus, die Pan-
toffeln hingen auf den Zehen. Die Knie drückte er durch,
wollte die Muskeln nicht zu stark anspannen, konnte zu
Krämpfen führen. Kalziummangel? Die jährliche Ge-
sundheitsdurchsicht dauerte drei Tage mit Tests für jedes
Organ, allein die Ohren standen zwei Stunden lang auf
dem Prüfstand. Alles pico. Den Lebertest erwartete er
immer mit leiser Befürchtung, aber letztes Mal hatte die
Ärztin geulkt: »Da können Sie Schnaps eimerweise drü-
berschütten.« Was in der Armee gesoffen wurde. An der
Grenze noch am wenigsten. Eine Flasche Bier hatte er
zum Abendbrot getrunken, die zweite stand vor ihm;
wenn er nicht mehr als fünf verkassematuckelte, pennte
er wie'n Toter und hatte am nächsten Morgen keine trübe
Birne. Manchmal schluckte ja Marion das eine oder andere Gläschen mit, da war's am Ende genaugenommen
'ne Pulle weniger.

Sie setzte sich neben ihn. Sie hatte einen überlangen
Pulli angezogen oder wie man das nennen sollte, ge-
strickt jedenfalls mit Bommeln, darunter einen kurzen
Rock, der beim Sitzen sofort hochrutschte. Ihre Knie
hatte er immer gemocht und streichelte drüber und murmelte etwas in dieser Richtung. Sie schnurrte, nahm ihm
die Zigarette weg und sog mit spitzen Lippen. Schlank
waren ihre Fesseln, hochhackige Schuhe standen ihr am

besten. Konnte sie nur selten anziehen bei dem Pflaster hier. Das bißchen Speck an den Hüften war zu ertragen. Ihre Rederei, daß sie *eigentlich* wieder Sport treiben wollte, ging ihm allerdings sachte auf den Keks.

»Hab mit Zella telefoniert. Ich könnt ins Materiallager einsteigen.«

»Und wenn Friedeberg schlappmacht?«

»Das ist das Problem. In Zella hätte ich hundertzwanzig Mark mehr. Und ganz andere Möglichkeiten.«

»Aber jeden Tag zwei Stunden mitm Bus.«

»Das halten andere auch aus. Wenn ich nun auf die Idee käme, *du* müßtest mitziehen, wenn *ich* 'ne neue Arbeit kriege? Nich bloß Gleichberechtigung aufm Papier?«

»Wir stehn ganz vorne«, erwiderte er friedlich, »und halten im Ernstfall den Nischel hin. Das isses!«

»Und wir stopfen euch die Socken.«

Der Hauptmann lachte.

Kurz vor acht stellten sie den Ton leiser und lauschten. Wenn einer die *Tagesschau* sah und sogar den Ton *beinahe* abgestellt hatte, wäre das durch alle Wände zu hören, na, vielleicht nicht bis ans Ende des Blocks. Schade, daß Kupferblech im anderen Haus wohnte, dem wäre ideologisches Fremdgehen zuzutrauen. So genau wußte er gar nicht mehr, wie das Bibabong der Tagesschau klang. Sie müßten es sich wieder einmal anhören, superleise, Fenster geschlossen und Türen zu. Hier ist das Erste Deutsche Fernsehen mit der Tagesschau, guten Abend, meine Damen und Herren.

Sven schmiß seine Tasche in den Korridor. Hunger! Und Durst! Krafttraining, er hatte wieder unter diesen Maschinen gekeucht. »Wird ernst mit Oberhof. Weil ich

Linkshänder bin, die sind knapp.« Sven schnaufte. Sie hätten wissenschaftlich ausgetüftelt, beim Anschieben des Bobs wären ein *Links*händer und ein *Rechts*händer für die Mittelpositionen ideal: Der Linkshänder von rechts, der Rechtshänder von links. »Bessere Dynamik. Is glatt neu.«

»Könnte einer für utopisch halten«. Hippel fand's imponierend. Sport wurde immer spezialisierter. Fehlte noch, daß sie für Linkshänder eine besondere Verpflegung entwickelten, mehr Eiweiß und weniger Obst oder sowas. Fisch schon zum Frühstück.

»Siebzehn Schritte, höchstens neunzehn. Die Schweizer liegen bei einundzwanzig.« Letztes Jahr hätte es geheißen, zweiundzwanzig seien Spitze. Seitdem trainierten sie neunzehn, um vielleicht auf siebzehn runterzugehen. »Die haben in Leipzig extra einen Windkanal gebaut. Mit Kältekammer. Der Steuermann springt zuerst, dann der Bremser, dann die Zwei und zuletzt die Drei. Bei den Norwegern springen Zwei und Drei gleichzeitig.«

»Und *wann* wirst *du* Steuermann?«

»Da müßte ich ganz anders trainieren. Und auch weniger wiegen. Ich denk, ich hab 'ne Chance so um die achtzig Prozent. Wahrscheinlich müßte ich dann was andres lernen, Hotelwesen oder so.«

Das fand seine Mutter lustig: »Wenn du aufhörst mitm Bobfahren, ziehste 'ne Livree an und stellst dich in Oberhof vor die Tür vom feinsten Schuppen als Empfangschef, und wenn Vater und ich kommen, kriegen wir die besten Plätze. Oder du bedienst im Gästehaus der Regierung. Dort gibt's keine Preise auf der Speisekarte, brauchste auch nich abzurechnen. Keine Matheprüfung!«

Er nickte, dabei hatte sie gehofft, er würde lachen.

Kurzreportage: Schackendorfer Melker sparen Konzentratfutter. Nach dem Wetterbericht ein Heimatabend. »Diesen Weg auf den Höh'n bin ich oft gegangen«. Hippel öffnete die vierte Flasche. Ob er anschließend ein Nümmerchen wollte? Das wußte er gern eine Weile vorher, es war vergnüglich und praktisch, beizeiten zu planen, damit sich die Hormone oder all die Dingerchen darauf einrichten konnten. Diese Teufelchen da unten, in den Nebennierenhoden wurden sie produziert oder dicht dabei. Es war nützlich, wenn die langsam munter wurden, kurz gesagt.

Das fabelhafte Hotel in Oberhof, das aussah wie zwei Sprungschanzen, ganz oben die Bar mit allem Drum und Dran. Durch verschneite Straßen schlenderten werktätige Urlauber. Reichlich dick waren die meisten Frauen, auf einem Abfahrtshang konnte man die sich schwerlich vorstellen. Dann Herbert Roth mit dem Rennsteiglied, mußte 'ne alte Aufnahme sein, der war ja schon tot. War Frisör gewesen. Wie hieß gleich die Sängerin? Frisöse, saubere Vokale, die kriegte einer ausm Flachland gar nicht hin. Die Sprungschanze, die Bobbahn, da würde Sven runterbrettern.

Sven brüllte: »Dort, der mit der Mütze!« Einer seiner Trainer – schon wieder weg. »Wenn ich daaahin kann!« Liegt nur an dir, breitete Hippel aus in einer Tonlage wie jeder Werber für die Volksarmee. Sprung ins Leistungszentrum, schwärmte Sven, nicht bloß einmal in zwei Wochen Training am Simulator und oder dem »Eisernen Heinrich«, dem Sommerbob, sondern täglich. Und wie oft erwiderte Mutter Marion: Erstmal die Lehre beenden. Hippel spottete: Jaja, dein Rockzipfel.

Sven machte sich davon, er wäre hundemüde und müßte beizeiten raus. Jetzt bummelte die Kamera über verschneite Fichten. Hier oben war Ulbricht oft zu Gast gewesen, deshalb hatten sie die Straße bis hinauf ausgebaut mit dem Verteiler kurz vor dem Ort wie bei einer Großstadt. Damit der Konvoi geschlossen durchrauschte und übersichtlich blieb. Keine Gefahr, daß Ulbricht im krummen Wald überfallen werden könnte. »Guck mal«, Hippel wollte das alles erklären, aber da war es schon vorbei. Schüssel mit Klößen, Teller mit Braten und lachende Gesichter, die Männer kaum dünner als die Frauen. Wohlstand. Oberhof war ein Paradies für Sportler *und* Brigaden, und Sicherheit ging über alles. Olympiasieger feierten, mitten unter ihnen Heinz Florian Oertel*. Marion fand ihn sexy mit seiner Glatze, und Hippel hielt das für bekloppt. »Deine Locken aber auch«, sie wuschelte ein bißchen darin. Da zog er ihr Bein über sein Bein; es würde noch hübsch werden. Sie mußten die Sendung ja nicht bis zum Ende ansehen. Er strich mit gutem Druck ihren Schenkel entlang und dachte zärtlich: wie der Kotflügel eines wirklich klasse gebauten Autos. Natürlich weicher.

Sie gluckste: »Bis nich so frech zu mir!«

---

* H. F. Oertel, Sportreporter, Unterhalter, Reisekader; sprach alle fremden Namen italienisch aus

2. Der Schock des Eichelhähers

Das Gelände sackte ab bis zur Grenze und weiter aufs Dorf III zu. In allen Berichten wurde es so genannt, in allen Befehlen. Es hieß, besonders wißpusselige Soldaten stöberten daheim in Atlanten, da stießen sie auf den Namen: Hermannsroda. *Dorf III* klang präzise, da schwang keine Gefühlsduselei mit. Drüben lag BRD, nicht Bayern.

Gerade rollte ein Traktor quer; Hippel nahm das Glas hoch. Der Mann trug blaues Hemd und Mütze. BRD-Einzelbauer. Die Straße vom Dorf heraus knickte vor der Mulde ab, ein Pkw bog heraus, Sonnenlicht blitzte auf der Frontscheibe. Vielleicht ein Vertreter, der den Bauern irgendwas andrehen wollte. War drüben so. Wolfsgesetz.

Die Grenzstreife tauchte vorm Wäldchen auf, zwei Minuten eher als im Plan. Hippel blieb unbeweglich im Halbdunkel der Fichten. Bei den beiden war alles akkurat: Mütze gerade, Koppel straff, Stahlhelm vorschriftsmäßig angehakt, die Kalaschnikow stramm an der Schulter. Die Grenztruppe war gottlob etwas anderes als ein Motschützengammelhaufen. Dort mußten die Offiziere aufpassen, daß niemand von »Flinte« redete, die man »nach Jägerart« trug.

Sie blickten zur Grenze, zwei Genossen von Kupferblech. Einer zeigte hinunter, hinüber, obwohl allen andauernd eingebleut wurde, daß die Musik *vor* der Grenze spielte, dort sollten sie auf jeden Maulwurfhügel aufpassen. Wenn jemand von drüben sie provokatorisch anglotzte: Fernglas hoch! Es sollte schon vorgekommen sein, daß Provokateure mit vollen Zigarettenschachteln geschmissen hatten.

Einer schaute durchs Glas. Hippel hörte ihn deutlich: »Mercedes aus Osnabrück.« Stand das etwa dran? Eine Firma aus Osnabrück, Kneipenreklame klein an der Seite? Gleich fragen oder irgendwie über Kupferblech eingreifen, *gegen* den womöglich? Ihr Blick sollte DDR-wärts schweifen, auf Grenzmeldenetz, Kolonnenweg und Lichtsperre. Es konnte nicht schaden, auch mal den Himmel zu mustern, hier war jener Ballon rübergetrieben mit den beiden republikflüchtigen Ehepaaren und ihren Kindern, die sie mit Schlafmitteln betäubt hatten. Barbarei ersten Ranges. Hippel stellte sich vor, wie er auf den Korb schoß, den Brenner traf, der Ballon sackte ab und setzte *vor* dem Zaun auf, die Grenzbrecher kletterten taumlig heraus, die Hände überm Kopf.

Er streifte durch das Wäldchen auf die Nordseite hinüber, dort hatte er einen weiten Blick über seinen Abschnitt fast von einer Begrenzung zur anderen, 13,3 Kilometer mit dem Städtchen und einem Dorf zwischen den Hügeln, mit der Hundelaufanlage, den Türmen, dem Tal, in dem die Holzkastenminen PMD 6 wachten, und ihm wurde warm ums Herz. Seit knapp drei Jahren war er hier, diese Gegend war ihm zur Heimat geworden. Im Bach hatte nach dem Tauwetter einmal eine Mine gelegen, herausgewaschen durch schießendes Wasser. Eine Kommission hatte getobt: Und wenn sie nun in die BRD gespült worden wäre! Er hatte auf die Sperrgitter im Bachbett verwiesen, die das unmöglich gemacht hätten, aber die Kontrolleure wollten ihr Erfolgserlebnis. Dieses

Argument hatte die Kommission immer wieder strapaziert: Ein Foto der Mine in der BILD-Zeitung!

Er ließ einen fahren, das geschah lauter als erwartet, ein Eichelhäher über ihm begann zu schimpfen. Da konnte man mal sehen: Der Grenzstreifen als Naturreservat, in dem der Mensch viel von seiner Allgegenwart, seinem Schrecken verloren hatte. Speckernd strich der Vogel ab, und Hippel lachte.

Während er weiterging, fiel ihm Leningrad ein. Er hatte auf dem Hang vor der Stadt gestanden, wo den Hitlerfaschisten die Zähne ausgeschlagen worden waren. Heute noch erinnerten bemooste Bunker an diese Zeit. Auch der BRD-Politiker Weizsäcker, damals Artillerieoffizier, war nicht durchgekommen. Vielleicht sollte man hier oben einen Appell in diesem Sinne abhalten: Blick nach Norden über das grüne Thüringen, dort lag Heimat DDR mit der zweitausender Milchviehanlage und ihren schimmernden Silos, den unkrautfreien Genossenschaftsfeldern, Oberhof, in jeder Straße ein Dutzend Olympiasieger. Links die alte Industriestadt Suhl, Arbeiterwehren hatten die Kapp-Putschisten zu Paaren getrieben. Die Fahne im Traditionskabinett erinnerte daran. Jenseits der Sicherheitszone arbeiteten Eltern, Schwestern, Kollegen, sie konnten sicher und ruhig schlafen. Den Genossen Grenzschützern traten Tränen in die Augen. Da dachte mancher an sein Mädel weit im Hinterland. Das machte sich gerade auf in die Disko mit einer Arbeitskollegin oder dem Bruder. Dachte an den Freund ganz vorne. Müßte alles sorgfältig vorbereitet werden. Dann sollten sie singen: »Spaniens Himmel.«

Hundert Meter vor dem Objekt wurde Hippel doch noch naß, die letzten dreißig Meter sprintete er. Der Wachhabende meldete mit Schwung. War doch gar nicht so schwer, den Dienst knallhart durchzuziehen. Das war eine der Hauptsachen in seinem Beruf: Überzeugen, daß auch das Durchstehen einer Strapaze Spaß machte; eine Sache der Ehre war es sowieso.

Vom Wachhabenden ließ er sich den Schlüssel zum Traditionskabinett geben, dort war er lange nicht gewesen. Die Tür war so leicht zu öffnen, daß er meinte, mit einem Stückchen Draht wäre es auch möglich. Seiner Erinnerung nach stand die Fahne in einer Ecke, gehalten durch eine eiserne Schlaufe. Aber da war sie nicht. Er sah auch keine Halterung oder Spuren im Putz. Vielleicht war das in einem anderen Objekt so gewesen. In den Schrank mit den Glastüren hätte sie nicht hineingepaßt. Das wäre ja 'n Ding, er schlug eine total neue Übung vor, und Kupferblech feixte: Weißt du denn nicht, daß wir das Banner, oder warste da gerade im Urlaub oder wie? Und die ganze Bande gröhlte. Die Fahne wäre nicht zu übersehen wie möglicherweise die Miniaturrakete über der Weltkugel mit dem Sowjetsternchen oder die kleinen Thälmann- und Marxköpfe aus Gips oder die Holzschale, ein Geschenk der Stadtparteileitung zum vorletzten 1. Mai.

Er gab den Schlüssel wieder ab und sah zu, wie er an einen Haken gehängt wurde. Nichts wurde im Wachbuch vermerkt, keiner fragte, was er dort gewollt oder gemacht hatte. Hätte sich eine Lenin-Büste einstecken können, eine kleinere.

Draußen stand Kupferblech, Hauptmann wie er. Hippel hätte von den beiden Genossen und dem Auto aus Osnabrück anfangen können, das hob er sich für andermal auf. »Eigenartig, wir hatten doch eine Fahne im Traditionszimmer. Weißt du, wo die hingekommen ist?«

»Eine alte Parteifahne«, sprach Kupferblech langsam. »Früher haben wir sie mit auf den Markt genommen, wenn da etwas los war, Tag der Republik oder so. Eine Fahne von einem Generalstreik. Nein?«

Es war nicht gut, Kupferblech gegenüber Schwäche zu zeigen. Der ließ bei jeder Gelegenheit durchblicken: Abitur, FDJ-Hochschule am Bogensee. Der war mit dreißig schon Hauptmann. Tat sich mit seinen Sprachkenntnissen dicke, war auf einer Russisch-Spezialschule gewesen. Es half nicht groß weiter, wenn er eigenen Stolz hochtrimmte: Arbeiterkind, Rohrleger, Abitur bei den Grenztruppen in Eisenach nachgeholt. Die Halterung war *eingedübelt* gewesen, das sah er jetzt deutlich vor sich.

Kupferblech nahm die Mütze ab und setzte sie sorgfältig und außerordentlich gerade wieder auf. »Die Fahne stammt aus einem volkseigenen Betrieb«, behauptete er mit bemerkenswerter Festigkeit. »Aus den Moped-Werken von Mehlis, wegen Verbundenheit mit der Arbeiterklasse. Grenztruppen und Proletariat, in dieser Richtung. Du, ich muß weiter. Ich hab sie jedenfalls nicht.« Kupferblech streckte ihm die Hand hin und zog die Mundwinkel breit, das paßte zu ihm, einen Brocken hinschmeißen und sich davonmogeln. Wenn das Banner nun geklaut war, wenn sich *genau das* herausstellen sollte, wo*gegen* er eine Übung anregen wollte... Und wenn es plötzlich einen Riesenstunk gab und Kupferblech seelenruhig staunte: Hat denn Genosse Hippel das nicht längst ge-*meldet*?

Zwei, drei Minuten stand er noch, dann machte er entschlossen kehrt. Dem Wachhabenden befahl er, ins Wachbuch einzutragen: Bei einem Kontrollgang wurde im Traditionskabinett das Fehlen des Ehrenbanners festgestellt. Datum, Uhrzeit. Hauptmann Kupferblech war informiert worden. Nun hing der mit drin.

Er machte sich auf den Weg nach Hause. An der Heiztrasse quoll mehr Isolierwolle heraus als jemals. Die könnte einer klauen und zwischen die Wände seiner Datsche stopfen. In Leipzig hatte er eine *senk*rechte Leitung gesehen. Da war wenig Platz zwischen Bahndamm und Straße. Also hochkant das Ganze. Hier im Grenzgebiet wäre es nicht gut, etwas aufzustellen. Alles mußte übersichtlich bleiben. Sicherlich zerrten Jugendliche die Dämmstoffe aus der Ummantelung in ihrer Blödheit. Es hätte sein Gutes: Alle Jugendlichen nach dem sechzehnten Geburtstag erstmal raus aus der Sperrzone. Sven – Ausnahmen gab's immer.

Still war es in der Wohnung, still im Block. Er zog die Uniform aus und stellte die Stiefel zum Auslüften ins Treppenhaus. »Neues Deutschland« hatte er aus dem Briefkasten mit heraufgenommen. Kornelia Ender – Weltrekord zehnmal verbessert. Großartige Leichtathletikhalle in Neubrandenburg. USA-Verbrecher werden immer jünger.

Er wickelte seine Abendration aus und verstaute sie im Kühlschrank. Die Küchenfrauen hatten ihm ein knappes Kilo Schmalz eingepackt. Und wieder diese Masse Leberwurst, davor kapitulierte allmählich sogar Sven. Hungern brauchte bei den Grenztruppen keiner, wirklich keiner.

3. Balkons überall

Der »Eiserne Heinrich« war in Zusammenarbeit mit dem Patenbetrieb in Suhl entwickelt worden. Oben glich er einem Viererbob, unten liefen Rollen auf Schienen. Die Übungsstrecke war an die fünfzig Meter lang und endete in einem schroffen Anstieg. Manchmal brachte der Bremser den Bob rechtzeitig zum Stehen, ansonsten knallte er gegen verbrauchte Autoreifen und Matten. Der Trainer erläuterte die Fehler: Die Drei hätte sich bei den letzten vier Schritten zu weit vorgelegt. Erst beim letzten Meter vor dem Einspringen wäre das angebracht. So erinnere es an den Stil der Franzosen vor zehn Jahren, und das sei *ab*solut überholt. Den Blick halb nach unten, die äußere Schulter *noch* ein wenig stärker nach vorn, etwa im sogenannten Schwedenschwung. Und alle, die aber auch *letz*te Kraft in die *letz*ten drei Schritte! »Fertig! Los! Hepphepphepp, ja, Sven, Tempo, Tempooo, uuuund – ja!«

Sven spreizte beim Sprung die Beine zu stark; gut, daß der Trainer auf der anderen Seite stand. Er brachte den »Eisernen Heinrich« wenige Zentimeter vor der Barriere zum Stehen, er hatte sich gleichmäßig in die Hebel gelegt und nicht mit der Stotterbremsung gearbeitet, die manche bei normalem Auslauf anwendeten. Das ergab ein den Rennverlauf nicht beeinflussendes komisches Zukken unmittelbar vor der Endbremsung, ein eher belustigendes Element. Diesmal kriegte der Steuermann sein Fett, der einen *Doppel*schritt zu spät gesprungen war und das nicht anerkennen wollte; der Trainer schrie, er habe doch »geine Domaten uffn Oochen«, wozu waren denn die Markierungen an der Seite, die gelbe für den Fahrer und die schwarze fürn Bremser? Natürlich *müs*se nicht deshalb ein Schritt ver*kürzt* werden, das wäre *der* Blödsinn überhaupt, aber anderthalben Schritt drüber sähe ja selbst ein blindes Schwein! »Und im Wettkampf ist da nischt, gar nischt! Zehn Runden um den Bob!«

Der Steuermann trabte los, Sven sah ihm ungerührt zu. Das Starttraining hier draußen war entschieden besser als das Schuften im Kraftraum, in dem es nach Schweiß und Maschinenöl stank. Gegen die Arbeit auf dem Bau konnte einer einwenden, was er wollte, aber die Luft war immer frisch. Sein Wunsch, einmal im Wettkampf bremsen zu dürfen, war noch nicht in Erfüllung gegangen, aber er solle nicht ungeduldig werden, hatte ihm ein Trainer zugemurmelt. Unter vier Augen.

Es war ein Sommertag, wie er im Thüringer Wald nicht schöner sein konnte. Der Himmel im Zenith kornblumenblau, hier und da eine beinahe ortsfeste weiße Wolke mit langsam über die Fichtenhänge wanderndem Schatten. Das Training lief ab mit Pausen, ohne Streß und Aufregung, wenn man von einer Einlage wie eben absah. »Jetzt Kampfstart. Ihr wartet in der Baracke und malt euch aus: Es geht um Gold. Ihr liegt zwei Zehntel hinter Italien zwo, irgendwo die BRD mit dem Weltmeisterbob. Uuum alles! Ihr habt zwei Jahre lang auf diese Minute hingeschuftet. Ich sage: ›rauskomm‹. Ich will dann absolut konzentrierte Gesichter sehen. Überall Kameras. Haßgesänge, Hexenkessel. Und ihr geht absolut ungerührt durch. Ihr seht nur den Bob. Startbefehl! Dann will ich Funken sprühen sehen! In die Barackeee – ab!«

Sven drehte sich drin zur Tür. Er wollte genau an das denken, was der Trainer verlangt hatte. Das war wie bei einer DDR-Jugendmeisterschaft hoch drei, da hatten bloß die Idioten aus Altenberg gegröhlt, die einzige ernsthafte Konkurrenz. Nun also international, nicht der ewige Zweikampf Oberhof gegen Altenberg.

Er roch den Schweiß von Benno, der ihn heute auf der dritten Position vertrat. Benno war schubstärker als er, aber antrittslangsamer, das wiesen die Meßapparate eindeutig nach. Vor allem war er Rechtshänder und deshalb keine echte Konkurrenz. Schweigsam war Benno, Rinderzüchter, Schnarcher. Die Nächte mit ihm während der letzten Meisterschaft waren zerstörerisch gewesen. Nie wieder, und wenn er im Kraftraum auf einer Matte pennen müßte.

»Rrraus!«

Die vier stapften aus der Tür, den Blick auf den Bob gerichtet, auf die Griffe, die jeder zu packen hatte. Drüben die Reihe der Fernsehkameras. Stimmenteppich aus Italienisch und gurgelndem Bayrisch oder Österreichisch, die Italiener waren ja fast alle Südtiroler. Die Schweizer, Fahnen in flirrenden Farben. Einmal hatte ein Trainer gesagt: Wenn es hart auf hart geht, denkt ihr immerzu nur: Hammer, Zürgl, Ährengranz! Emblem aus Hammer und Zürgl und Ährengranz! Sven packte die Griffe saugend und schraubend, jeder Fuß stand, erst jetzt die Knie leicht eingeknickt, sachte geatmet, noch nicht die Lungen vollgepumpt, den Fehler hatte er anfangs oft gemacht und während der Anschubphase auf seinen Atem achten müssen, was heißt achten, ein Hundertstel seines Denkens war damit belastet gewesen, und genau das war ein Hundertstel zuviel.

»Fertiiick, los!«

Sven warf sich nach vorn und brachte alle Kraft der Oberschenkel fließend in die Schultern hinauf, dafür gab es eine genaue Einstellung der Kraftmaschine, wer nur eine Winzigkeit hüftsteif war, konnte plötzlich einen stechenden Schmerz spüren, einen Biß, das hieß dann Muskelfaserriß, Schluß für zwei Wochen. Schritt für Schritt und die Lunge bereit für einen Schrei, wenn ihm dazu zumute war, der war individuell freigestellt, die in Garmisch trainieren ihn, hieß es, wenn es nicht Quatsch war und nur aufgebracht wurde, um sie aufzuheizen. Der Fahrer, dann er, er brachte seinen wilden Schwung in den Bob, daß der wirklich abschoß, und um sie war das Geschrei der Massen, daß die einzelnen Sprachen nicht herauszuhören waren, auch in Oberhof und in Altenberg redeten sie nicht sächsisch, der gutturale Alpenklang dominierte, und seine Arbeit war getan.

Diesmal rammelte der »Eiserne Heinrich« voll in die Polsterung. Die vier blieben mit gesenkten Köpfen noch ein Weilchen sitzen, wie's der Brauch wollte, ehe sie herauskletterten und sonstwohin blickten, nur nicht dem Trainer ins Gesicht. Der murmelte, das wäre doch schon recht anständig gewesen, in den *Köpf*en müßte alles stimmen, vor allem politisch, sonnenklar. Viel*leicht* sich schneller ducken nach dem Einsprung, aber das brächte nur eine Zeitlupenaufnahme an den Tag, sowas würden sie zu Beginn des Winters natürlich überprüfen, im harten Schnee beim Start an der Rinne. Benno solle sich nichts draus machen, in einer Ersatzposition eingesetzt worden zu sein, das könne im Ernstfall bei Verletzungen jederzeit vorkommen, das nächste Mal starte er wieder auf seinem Platz. Stammplatz? Mit solcher Formulierung sollte jeder ganz, aber gaaanz vorsichtig umgehen! »Sven, vielleicht die Schritte *enger*, die letzten. Für heute Schluß, und Dank für die wirklich tolle Konzentration am Ende.«

Nach dem Duschen bummelten Sven und Heiko zum Bus. Heiko kam von der Kinder- und Jugendsportschule Berlin und war Zehnkämpfer gewesen, aber am Hoch- und Stabhochsprung gescheitert. Hervorragender Kugel-stoßer, schwächer beim Diskus. Drüber hatten sie einige Male gesprochen, auch über das Internat und die Berufs-ausbildung hier. Jetzt fragte Sven, wie es Heiko in der Penne gefalle, und der antwortete, das ginge alles gedul-dig und schrittweise voran. Endlich war eine Spezial-klasse aus Schwerpunktsportlern gebildet worden, fast die Hälfte Mädchen, Puppen dabei, geradezu Rehlein. Ende November sei so gut wie Schluß, da lungerten nur noch die mit den Gipsbeinen in den Bänken. Manchen fiele Mathe schwer, ihm nicht. Englisch auch nicht, da hätte er schon in Berlin 'ne Menge mitbekommen. German Democratic Republic is a state with very very sport, you understand please? Wenn man sicher war, daß man mal rauskonnte, machte Englisch ja auch Spaß. Er war in Zakopane gewesen, die Polen wollten einfach nicht Rus-sisch reden. We have no Intershop, we have PEWEX und so. Rasseweiber unter den Polengirls! Sven dachte an die höchstens drei Mädchen, die in seinem Nest in Frage kamen, so gesehen wäre er einfach bescheuert, wenn er nicht alles dransetzte, nach Oberhof ins Internat zu kommen.

Sie setzten sich auf die Bank an der Bushaltestelle. Eine dreiviertel Stunde blieb für Sven. Autos fuhren vorbei: Mercedes aus F, BMW aus OF. Ein niedriger Sportflitzer, Marke nicht so schnell feststellbar, S – EX, sie waren sich einig, daß es spitzenmäßiger nicht ging. Wer sich dieses Zeichen zulegte oder sogar jemanden deshalb bestechen mußte, der wußte, warum er das tat. Sie taxierten Mädchen nicht unter fünfzehn und Frauen nicht über zwanzig, vielleicht zweiundzwanzig, und die älteren nur nach dem Gewicht ihres Balkons. Siebenpfünder fanden sie hochgeil. Schwibbelbalkon und Spitzbalkon und Betonbalkon erfanden sie und amüsierten sich jedesmal. Heiko kannte manche von der Schule oder dem Praktikum. Mit den Urlaubsbienen gäbe es Schwierigkeiten, entweder träten sie im Rudel auf oder hätten ihre Beschäler dabei, da was aufzureißen kostete Zeit und brachte nischt.

Da registrierten sie den Rekordbalkon dieses Nachmittags, ein Achtpfünder mindestens und der passende Arsch dazu, klasse Waden, die Alte war sicherlich um die vierzig, aber teufelteufel. Die zermalmte einem mit ihren Schenkeln den Schwanz, vor der mußte einer fliehen bis hinter den Horizont, wenn er nicht kastriert im Rinnstein verrecken wollte. Die nacksche Katastrophe.

Bei der Fahrt ins Tal schlief er nach den ersten beiden Kurven wie gewöhnlich ein. Am Schlagbaum wurde er prompt geweckt und zeigte dem durch den Bus patrouillierenden Grenzer seinen Ausweis. Am Markt stand Gitti. Minibalkon. Er gab ihr die Hand und sagte: »Na?«

»Deine Mutter is gerade vorbei.«

»Nach Hause?«

»Weiß nich.«

Sie gingen ein Stück nebeneinander. Das Freibad geschlossen. Warum? Kaputt oder so. Am Fleischkonsum blieb Gitti stehen und zog wieder ihre gelangweilte Fresse, vielleicht war sie bloß dumm. Mein Gott, die Weiber hier.

Seine Mutter war daheim. Vater sei dagewesen und habe Klöße mitgebracht. Aufbraten? Klar, mit Speck und Zwiebel. Soße war noch von vorgestern da. »Und?«

»Was und?«

»Wie war's?«

»Wie immer.« Dann doch: »Bei den letzten Starts war ich Bremser.« Schließlich: »Einer sagt, in Mathe verlangen sie 'ne Menge.«

»Macht dir doch nichts aus, oder?«

Er brachte die Trainingsklamotten ins Bad. Während seine Mutter Klöße in die Pfanne schnitt, blätterte er die Zeitung durch. Erntebereitschaft in allen LPG*, Einsatz im Komplexverfahren vorgesehen. Schüler in BRD-Gymnasium bespitzelt.

Während des Essens: »Sag mal Sven, wenn du in Oberhof ein großes Paket bekämst, könntest du das zur Spedition bringen? Ist da immer jemand um dich rum, Heiko oder sonstwer?«

»Wieso?«

»Du weißt doch, daß meine Eltern 'nen Buntfernseher möchten. Von hier aus zu schicken ist kaum möglich. Auch wegen Friedeberg. Besser, du fängst den Karton in Oberhof ab und gibst ihn auf.«

»Fängst ihn ab?«

---

* LPG – Landwirtschaftliche Produktionsgenossenschaft

»Jemand gibt ihn dir. Jetzt mal bloß das: Du *könnt*est den Karton aufgeben, ohne daß jemand ausm Leistungszentrum dabei is?«

»Müßte ich abschütteln. Da fällt mir schon was ein. Aber ich müßte den Karton di*rekt* vorm Gütertaxi kriegen, ich kann ihn doch nicht durchs halbe Dorf schleppen.«

Nun müßte noch zu organisieren sein, daß der Behaarte auf die Minute dort hielt, na, auf die Viertelstunde. »Du, ich soll dich von Papa was fragen. Wegen Autonummern im Westen. Was da für Buchstaben sind.«

»Buchstam?«

»Ach, er soll dich selber fragen.«

Sven sappte in sein Zimmer, hatte Lust auf Musik und dann wieder nicht und haute sich aufs Bett. War kein schlechter Tag gewesen, erst Bremser, dann Balkonbeschau und der Vorsatz: Raus aus dem Kaff und keinen Gedanken mehr an etwas anderes. Weg vom Bau. Lake Placid und Weltmeisterschaft in Japan. Scheißgitti.

Er nahm sein Lieblingsbuch* und schlug sein Lieblingskapitel auf.

»Er hat mich in die Brust gebissen, daß ich geglaubt habe, ich müßte ins Krankenhaus‹, gab Marylin zum besten.

›Oh, Sef, Lieber, warum hast du nie bei mir so etwas gemacht? Du weißt doch, ich reagiere auf Brutalität, wenn sie nur kultiviert geboten wird!‹

---

* Svens Lieblingsbuch – zitiert wird, stilistisch durch Kürzungen verfeinert, aus einem der wenigen Politpornos der DDR, dessen Autor aus Gründen der Barmherzigkeit nicht genannt wird. Nationalpreisträger. Der Roman wurde durch Zensurminister Höpcke aktiv gefördert

Deadrick würde über Nacht bleiben, und er war neugierig, wie sich die Situation entwickelte. Deshalb sagte er zu Kartstein: ›Mrs. Cloveland bedauert, daß du nie den Versuch gemacht hast, sie in den Arsch zu beißen!‹

Kartstein blinzelte die Frau an: ›Muttchen, du kannst deinen größten Büstenhalter darauf verwetten, daß ich es heute abend noch tue! Ich habe deinen Hintern gestern eingehend betrachtet und bin zu dem Schluß gekommen, daß du ihn die nächsten drei Jahre noch nicht liften mußt. Aber ich warne dich: Ich habe noch andere Körperteile außer meinem Gebiß!‹

Auch Kartstein und Deadrick waren bereits volltrunken, als die Frauen schließlich das Wasser in das Badebecken laufen ließen. Sie vergnügten sich miteinander in dem lauwarmen Wasser. Kartstein und Deadrick sahen ihnen zu, Zigarren rauchend. Hin und wieder sprang eine aus dem Becken und umarmte einen der Männer. Nach einer Weile entschloß sich Kartstein, Hemd und Hose abzulegen, sie waren ohnehin durchnäßt. Deadrick folgte ihm, und zuletzt plantschten sie zu viert in dem runden Becken. Als sich das Wasser abkühlte, trockneten sie sich gegenseitig ab und zogen sich in den Wohnraum zurück, wo sie sich auf dem Teppich niederließen, zwischen Kissen und Schaumgummipolstern.«

Zwei Frauen bissen sich kultiviert in die Brüste. Sven versuchte sich das auszumalen, schaute ihnen biertrinkend zu. Dann zu viert im runden Becken, saugend und schraubend. Heiko, er, die beiden Siebenpfünder, teufelteufel. Sein Schwanz stemmte sich gegen die Bettdecke.

Eine bessere Einstimmung gab's nicht. Vielleicht brauchte er gar nicht hinzufassen, vielleicht genügte die Bettdecke.

4. Wieso Kamele?

Diesmal hängten sie das Schild »Wegen Warenannahme geschlossen« nicht an die Tür. Friedeberg bediente weiter, während der Fahrer bündelweise Stangen und Klemmen hereintrug. Beim Unterschreiben der Lieferpapiere im Büro stellte er fest: »Riecht gut!«

»Möchten Sie 'ne Tasse?«

»Aber gerne!«

Sie goß ein und holte die Büchse mit den Wurzener Keksen aus dem Regal. Während er zulangte, schaute sie auf seine Handgelenke, sie waren genau so bepelzt, wie sie es sich in den letzten Tagen vorgestellt hatte. Ihr Gatte hätte durchaus zottiger sein können. Vor dem da konnte man fast Angst kriegen. Haare auf der Brust waren eine Wucht, auf dem Rücken schon problematisch. Na, man war schließlich nicht am FKK-Strand. »Sagen Sie mal, Kollege Norrmann: Der neulich den Buntfernseher gekauft hat – kannten Sie den?«

»Wieso?«

»Der ist nicht von hier, darf aber ins Sperrgebiet. Da huschte so 'n kesser Blick zwischen euch beiden.«

Der Fahrer sah freundlich geradeaus, als wäre, was er da hörte, ziemlich interessant. Abwegig zwar, aber nicht ehrenrührig. »Ich hab gar keine Erinnerung an ihn.«

»So'n Geschniegelter, braungebrannt. Gezahlt hat er mit neuen Hundertern. Fischte er lässig aus seinem Baumeltäschchen. Nicht, daß ich das irgendwie *fände*. Würde ich nie an irgendeine Glocke hängen.« Sie wartete, wie das weiterging, aber er lenkte ab: »Wie ist denn das, kann man in dem Nest hier ausgehen oder so? Muß ziemlich trist sein.«

»Neben dem Rathaus der ›Hecht‹, da gibt's anständiges Essen. Aber eben immer die selben doofen Gesichter. Und dann das Klubhaus, manchmal mit Jugendtanz.«

»Mit Ihnen möcht ich gern mal 'n bißchen quasseln, Kollegin, nicht nur über Antennen und Buntfernseher.«

»Über Buntfernseher haben wir *noch nie* richtig geredet.« Sie stellte sich vor, mit dem Kerl in einem hübschen Lokal zu sitzen, ein Stück vom gewohnten Kaff weg. Immer dieser hochschließende Pullover; im Sommer könnte er das Hemd ruhig am Hals offen tragen. Eugen Norrmann, klang ziemlich selten. »*Und wenn* Sie den gekannt *hätten:* Ich fänd's nicht schlecht. Warum soll immer irgendwelche Laufkundschaft die Rosinen wegschnappen.« Ein Anfang war gemacht.

»Im Sperrgebiet ist alles schwieriger. Und ich kenne mich ja noch nicht richtig aus. Sie?«

»Wir sind seit drei Jahren hier, da weiß man *alles*.« Von ihrem Mann erzählte sie und der gemütlichen Zeit südlich von Berlin, da war sie in zwei Stunden in Leipzig bei ihren Eltern gewesen. Zulagen, aber eben auch Einschränkungen. »Manchmal kriege ich mein Prachtstück tagelang kaum zu sehen.« Das war ein bißchen zu deutlich.

Norrmann nickte gedankenschwer. »Einsame kleine Soldatenfrau«, das fand sie schon beinahe dreist. Paßte zu seinen Handgelenken. »Und Sie? Kommen Sie zu 'nem Privatleben?«

Kein Wort, ob er verheiratet war und wo seine Angebetete wohnte oder derlei. Er schaute auf die Uhr und hatte es auf einmal eilig. Beim Aufstehen kam er ihr so nahe, daß sie roch, wie er roch. Was so einer wohl für eine Frau hatte. Eugen, sie hatte noch keinen gekannt, der so hieß. Hier im Sperrgebiet war nichts möglich, was einem Getechtel ähnlich sehen konnte. Das lief am Berliner Ring anders ab, da waren manche Offiziere wochenlang fort. Oder wie bei ihrer Schwester. Bei der konnte man ja schon von Rumtreiben reden. Vor zwei Monaten hatte Jürgen sie mal von hinten am Küchentisch zu fassen gekriegt, nur war zu viel Alberei und Juxerei dabeigewesen. Andere Frauen schlugen sowas ihren Männern vor. Könnte sie *nie*.

Das Telefon. »Was macht der sozialistische Handel?«

»Ach, du bist's, Schwesterchen. Hab eben an dich gedacht.«

»Ist gerade nichts los hier.« Eine Fußballmannschaft der Kampfgruppe sei zu einem Freundschaftsspiel fort, ihr Abteilungsleiter in Berlin und der Monatsplan sowieso im Eimer. »Schöpferische Pause im Prüfraum. Und bei dir?«

Och, es schliche so dahin. Die Verbindung war sauber, als telefonierte ihre Schwester aus dem Nebenzimmer und nicht durch die halbe Republik. Die Kinder, im Betriebskonsum verkauften sie Fischkonserven aus der Sowjetunion, zur Hälfte Gräten. Mit einem Kollegen sei sie im Kino gewesen, was hieß hier *Freund!* »Und Sven?«

»Ist noch unentschieden, ob er ins Internat kommt.«

»Und weiterhin in der Mitte?«

»Wie meinst du das?«

»Der Steuermann muß sicherlich einiges aufm Kasten haben. Aber die anderen – ist das nicht ziemlich doof auf die Dauer? Bloß rennen und reinhuppen? Die sehn doch nichmalwas von der Landschaft.«

»Und *dein* Junge?« Sollte sie draufsetzen: Hat der noch immer diese miserable Haltung?

»Was soll mit Claudius sein?«

»Nicht grade ein Sportas, was?«

Ihre Schwester lachte lauthals. »Da bellt ein Hündchen, das was aufs Fell gekriegt hat? Nich böse sein, Marion, ich ruf mal wieder an. Grüß deine beiden Helden.«

Durchatmen, abdampfen lassen.

Norrmanns Geruch hing noch zwischen Büro und Laden. Wie Dorschleber in Öl etwa. Sehr etwa. Friedeberg erklärte einem Mütterchen gerade: »Dann brauchen Sie bloß noch hier...« Als ob das Sinn hätte. Die zweite Ehe ihrer Schwester war wahrscheinlich auch schon im Eimer. Vielleicht stand sie eines Tages mit den beiden Wämsern allein da. Kontrolleurin in 'ner Motorenbude, vor der hatten alle Schiß. Nicht in der Partei, das war dort nur von Vorteil. Was hatte Friedeberg eigentlich von der Stadtleitung mitgebracht? Wenn sie wüßte, von *wem da was kam*, hätte sie beizeiten auf den Tisch wummern können. Bißchen üppig, die Formulierung.

Wieder das Telefon. Eine Frauenstimme weit weg: Krankenhausplatz gäbe es für sie nur in Gormorgsschdod, in Aue wäre alles zu, und sie hätte der Ärztin... Plötzlich laut: »Apparatewerk Zella, Kaderleitung, Frau Hippel dort?«

»Jawoll, wolln Sie mich?« Die Ärztin müßte sich einsetzen, klagte die erste Stimme, aber das dau-er-te!

»Sie haben sich doch bei uns beworben, Genossin Hippel.«

43

»Vorgefühlt.«

»Aue, Aue! Ich hab ein Gespräch mit Berlin!«

»Eva, ich gloob, das wird nischt. Rufste mich nachmittachs ...«

»Ein *Sa*llad is das wieder«, rief die Kaderfrau aus Zella. »Genossin Hippel, hören Sie noch? Ich wollte bloß fragen, ob Sie Ahnung von *Spezial*stählen haben.«

»Eigentlich nicht, also nicht speziell. Allgemeinwissen na*tür*lich.« Selbst das war übertrieben.

»Aber Sie könnten sich reinfitzen?«

»In Materialkunde war ich immer – hallo?«

Plötzlich war die Kaderfrau so nahe, daß ihre Stimme im Ohr schmerzte. »Hauptsächlich geht es um Elektrik, das entspricht ja unserm Profil. Wir sind Robotron angeschlossen, wissen Sie. Jetzt muß alles *ab*solut rostfrei sein mit säurefestem Stahl, Chrom- und Nickel-Legierungen. Ich sag mal: Kamele!«

»Was für Zeug?«

Die Kaderfrau lachte. »Und wie isses mit Englisch?«

»Wenig.«

»Vielleicht ein Intensivkurs! Wenn Sie erstmal hier ...«

Stille in der Leitung, sie legte auf. Spezialstähle – im Fernseh- und Radiobereich spielten sie keine Rolle. Keine große. Oder gar keine. Kamele?

Friedeberg bediente. Das da sei die Antennenbuchse. Und das war für den Kopfhörer. Brauchte sie nicht? Manche hätten sowas gerne.

Es war fast elf; wenn sie jetzt nicht zum Einkaufen kam, würde es schwierig werden. »Ich schau mal, ob ich in der Stadtleitung jemanden antreffe.«

»Mach das.« Engelsgemütlich klang das von Friedeberg. So viel Geduld mit einer Kundin, die nichts und
nichts kapierte, hatte sie selten.

Vor der Konsumfleischerei standen an die fünfzig
Leute; sie richtete sich auf eine Dreiviertelstunde ein.
Dann machten sie bei der Partei wohl schon Mittag. Viel
weiter vorn entdeckte sie eine Genossin, mit der sie gern
gesprochen hätte, Leiterin der Veteranenkommission, an
der ging nichts vorbei. Das *bißchen* mußte sich doch unter
vernünftigen Menschen klären lassen! Bis zu einem gewissen Grad war sie ja zur Selbstkritik bereit. Einen *Teil*
der Nein-Stimmen wollte sie auf ihre Kappe nehmen,
aber doch nicht sechs Prozent!

Weiter vorn scherte eine Frau wütend aus. Bitte, meine
Dame. Sie stellte sich wieder die Szene vor, als plötzlich
die Wahlkabine aufgerissen wurde, ja aufge*rissen*, und
wie sie erschrocken war, und da stand dieses Element,
der Ausdruck war noch milde, und hinter ihm seine Frau,
die feixte. Alle aus der Wahlkommission könnten be*zeu*-
gen, daß sie selber schon am Morgen gewählt hatte,
gleich nach den ersten Hausgemeinschaften. Natürlich
war es belämmert gewesen, in die Wahlkabine zu gehen.
Aber ins Klo – nie!

Eine Frau stand jetzt neben ihr, deren Sohn war mit
Sven bei den Bobfahrern, sie kam nicht gleich auf den Namen. Die Frau versicherte fröhlich nach rückwärts, sie
schmuggele sich keinesfalls in die Schlange, sondern
wolle nur ein paar Worte wechseln, dann haue sie wieder
ab. Ehrlich! Ihr Norbert überlege noch, ob er nach Oberhof wechseln solle, erst wolle er aber seine Lehre abschlie-
ßen, auf ein Jahr käme es bei *dem* Sport nicht an. Das

sagte ihr Mann, Bobfahren könnte man bis vierzig. Und eine abgeschlossene Lehre sei wichtiger als jede Medaille, oder?

Nach weiteren zehn Minuten stand sie im Laden. Als erstes musterte sie Hammelfleisch, zur Hälfte Fett und das dunkelgelb, prrr. Das war noch nicht mal was für ’n Hund. Der Chef und zwei Frauen bedienten. »Ich will bloß Wurst«, erklärte eine Kundin weiter vorn, und eine Debatte entspann sich, ob es nicht doch besser wäre mit *zwei* Schlangen, eine bloß für Wurst. Der Fleischer mischte sich jovial ein, das müßten die Kunden nun würklich unter sich ausmachen, er könne nicht auch noch dieses Problem packen! Dabei gingen mindestens drei Minuten drauf, in denen er hätte bedienen können. Danach pries er Rinderschmorfleisch, das erschien ihr ein wenig *zu* abgehangen, wer weiß, von welchem alten Reff das stammte. Das Gehackte war noch blasser als sonst. Die Genossin aus der Veteranenkommission ging an ihr vorbei. »Vielleicht reicht der gekochte Schinken, bis du dran bist.«

»Ich hätte gerne mal mit dir gesprochen.« So gütig und beinahe schläfrig wie sonst waren die Augen der Genossin gar nicht, sie wurden schmal – »lauernd« wäre zu viel gesagt, »wachsam« war ein zu heftiger Ausdruck.

»Klar. Ruf mal an.«

Eine Frau maulte, der Fleischer habe ein Stück Rinderbrust so gehalten, daß es *nur mager* ausgesehen habe, aber zwei Drittel seien Fett und Knochen. »Wie wollen Sie denn ’ne Brühe kriegen ohne Knochen!« rief der Fleischer halb traurig, halb empört. »Was glauben Sie denn, woraus ein Rind besteht! Nur aus Lende?« Der Gedanke schien ihn zu begeistern. »Ein junger Bulle, von vorne bis hinten nix wie Lende!« Während der Meister zwei Koteletts sorgsam klopfte, redete er wie vor sich hin: »Übrigens werden die Schweine in der DDR nicht mehr geschlachtet, sondern gesprengt.« Eine Frau stöhnte ergriffen, er brabbelte: »Das Fleisch fliegt in die BRD, die Knochen landen in Polen, und die Scheiße bleibt bei uns.«

Marion Hippel fand, das gehe nun doch reichlich weit. Vor zehn Jahren hätte man so einen früh um fünf aus dem Sperrgebiet bugsiert. Hinter ihr quiekte jemand; sie wollte sich nicht umdrehen.

»Und jetzt«, verkündete der Fleischer mit der Stimme eines Marktschreiers, »erleben Sie *die Sensation* des Monats. Sie weilen hier nicht im Interhotel, nicht in einer Fleischspezialsonderabteilung des Intershops, sondern in einem ganz gewöhnlichen, um nicht zu sagen popligen Konsum.« Er reckte sein Messer wie ein Schwert. »Bitte bleiben Sie auf ihren Plätzen! Nehmen Sie die Kinder auf den Schoß und umklammern Sie sie fest, damit sie mir nicht unters Hackebeil rennen. Damen und Herren, Ladies and Gentlemen, ich bitte um Applaus. Kapelle!« Damit sprang er vom Podest, deutete kurze Laufschritte an und verschwand. Als er wiederkam, hielt er mit beiden Händen etwas hoch, was Marion Hippel seit Jahren nicht gesehen hatte, und der Fleischer rief: »Gollechn und Gollechn, das ist nicht die Dame ohne Unterleib, das ist nicht eine Copra pectoris, das ist noch viel weniger ein Lachs ohne Nischel und Haut oder eine Supermandelstolle aus Dräsdn, sondern etwas unglaublich Ausgestorbenes, nämlich eine *Rindslende* der absoluten Sonderklasse! Meine Dame – wieviel?«

Anfänglich hatte unterdrücktes Kichern den Spaß-vogel begleitet, dann der eine oder andere Lacher, schließlich ein spitzer Entzückensschrei. Murmelnde Debatte blieb und Köpferecken und weiter hinten die lauter werdende Enttäuschung, bestimmt nichts mehr von dem Wunderstück abzukriegen.

»Also bitte – wie viel?«

Das war genau der Ausdruck: Der Frau hatte es die Sprache verschlagen. Schließlich: »Für vier.«

»Also für drei. Die Oma und der Bengel teilen sich 'ne Scheibe.« Der General schnitt, wog, nannte der Frau neben sich, die bisher Wurst verkauft hatte und ihm nun assistierte, den Preis. »Wer will nochmal, wer hat noch nich. Die Nächste!«

Marion Hippel erwog ihre Chance; es kam drauf an, ob der Fleischer die Zuteilung wie eben beschränkte. Eine Frau bat um zwei Scheiben, bekam sie und ein halbes Pfund Schweinebauch dazu. Die nächste Kundin sagte, sie mache sich nischt aus Lende und erntete erstaunte Rufe und sogar Beifall. Der Meister lärmte, das nenne er Enthaltsamkeit, so wünsche er sich den bescheidenen schlichten sauberen Bürger. Ein wunderschönes Stück Schweinekamm? Aber bitte, aber sofort! Der Käufer vor Marion Hippel, die sich jetzt zu neunzig Prozent sicher war, in den Lendegenuß zu kommen, meldete bescheiden, sie seien zwar acht Personen, mit vier Scheiben und einem Stück Schmorbraten aber sei er durchaus zufrieden. »Ein wahrer Christ, so einer kommt in jeden Himmel.«

Und dann: »Gute Frau?«

»Wir sind vier und bekommen Besuch. Also bitte wie bei dem Herrn: Viermal Lende und dazu Schmorbraten, anderthalb Kilo.«

»*Ein* Kilo langt nicht? Dochdoch, eins, ja?«

Marion Hippel starrte auf sein Messer, das viermal säbelte, Sven kam auch ohne Lende aus, der wußte sowieso nicht, was das war. »Danke. Wurst noch.«

»Eine glückliche Kundin«, jubelte der Feldherr, »mehr begehr ich nicht im Leben!«

Als sie draußen stand, war es halb eins. Zwei Bengels kamen ihr entgegen, vierzehn oder fünfzehn, und guckten sie frech an. Vielleicht waren sie Kumpels von Sven und benahmen sich nicht frech, sondern so wie immer, oder es war eine Regung ihrer blubbernden kleinen verqueren Männlichkeit. Sicherlich mußten sie so gucken, damit des Schneckending in ihrer Hose ein bißchen in Fahrt geriet. Merkwürdig, hatte sie vor einem Jahr solche Gedanken gehabt? Sowas könnte sie noch nicht einmal ihrer Schwester erzählen. Und das wollte was heißen.

Sie ging mitten auf der Straße, wo es noch am einfachsten war, nicht zu stolpern. Irgendwann fiel alles ein oder wurde zusammengeschlagen und in die Keller verkippt. Nicht meine Stadt, ab nach Zella. So wie hier hatte es im Klo neben dem Wahllokal gestunken. Dabei sollte sie bleiben: Sie war *nur* in die Kabine gegangen, weil es in der Toilette so bestialisch gestunken hatte, dagegen war sie seit den Sportfesten in Leipzig allergisch. Wenn sechstausend Frauen auf der Osttribüne, die vier oder sechs Stunden lang die Beine zusammengekniffen hatten, endlich losrannten, wenn sie in den Tunneln anstanden und sich dieser durchdringende Geruch von angepißten ... Damit kriegte sie jede Kontrollkommission klein.

Daheim ging sie ins Bad und stellte die Spiegel so, daß sie sich im Profil mustern konnte. Als Halbwüchsige hatte sie das immerzu probiert und sich vorgestellt, ihre Nase wäre kühner und ihre Stirn höher. Jetzt verdeckten ein paar Löckchen die oberste Querfalte. Noch immer hatte sie kein graues Härchen aufgestöbert. Vielleicht wurde sie durchgehend metallischgrau, nicht strähnig, sondern wie sanft schimmernder Stahl. Kam sie darauf, weil sie die Kadertante nach ihren Kenntnissen über Spezialstähle gefragt hatte? Bloß keine helle Strähne einfärben, das hatte sie vor ein paar Jahren probiert, wirkte affig in ihrem Alter. Sie hielt das Haar mit einem Reifen fest, cremte Stirn und Schläfen mit kreisenden Bewegungen, klopfte mit den Fingerspitzen die Wangen. Wenn sie das Kinn nur ein bißchen hob, war ihr Hals glatt wie Speck.

Stanken Kamele? Sie sollte doch nicht etwa in einen Zoo?

5. Eierschecke, Bienenstich

Die Genossen, die *nach drüben* gegafft hatten, hießen Hussum und Poschinski. Als Hauptmann Hippel ihre Radios kontrollierte, fand er die Streifen über der Skala ohne Makel: Nicht verschoben oder verwischt. Das war erprobt: In der Schreibstube wurden Markierungen der DDR-Sender aufgeklebt, bei der Kontrolle war dann mit einem Blick festzustellen, auf welchen Kanal eingestellt war. Manchmal konnte man die Musik von drüben und hier wirklich nicht unterscheiden. Das fand Hippel gut: »Gothaplast«[1]. Hier und da schleppten sich Begriffe ausm Kapitalismus jahrzehntelang weiter. Immer noch nuschelten sie in der Kantine, wenn sie »Bino«[2] wollten: Gib mal die Maggiflasche rüber.

Hussum las. Das Radio von Poschinski stand auf DT 64[3]. Unter zehn Genossen, die erwischt wurden, weil sie Westsender hörten, war höchstens einer wegen Fremdnachrichten. Musik als Stimulans, hatte es in einem Vortrag geheißen. Schnaps in die Kaserne zu schmuggeln, hatte mehr eine sportliche Note.

»Und Sie lesen?«

Hussum reichte das Buch hin. »Buridans Esel«[4], sah Hippel. »Von zu Hause? Wie finden Sie denn hier die Bibliothek?«

»Seit ein paar Jahren ist kaum was dazugekommen.«

---

1 Gotha – Stadt in Thüringen
2 Bino – DDR-Würze
3 DT 64 – DDR-Sender mit jugendgemäßem Programm
4 »Buridans Esel« – Roman des DDR-Schriftstellers Günter de Bruyn

Hippel gab das Buch wortlos zurück. Er kontrollierte noch andere Radios, es sollte nicht so aussehen, als habe er es speziell auf die beiden abgesehen.

Zwei Tage später standen Hussum und Poschinski vor dem Bataillonskommandeur. Der saß hinter seinem Schreibtisch, Hippel lehnte am Fenster, die Arme verschränkt, die Beine bequem gespreizt. Worauf war bei einem Streifengang zu achten? Die beiden spulten ab, nicht zu schnell und offensichtlich auf der Hut. »Welchen Auftrag haben Sie, *über* die Grenze zu beobachten?«

»Auf Feindtätigkeit und Provokationen, Genosse Oberst.«

»Und, haben Sie? Denken Sie mal eine Woche zurück. Fuhr da nicht ein Auto?«

»Fuhr da nicht ein Auto«, wiederkäute Poschinski unmilitärisch. »Weiß nich, Genosse Oberst.«

»Aus Osnabrück?«

Die beiden schauten sich ratlos an. »Ich weiß wirklich nich.«

»Mir dämmert was.« Hussum sah aus, als wüchse eine Erinnerung aus verschatteter Tiefe. Vor Dorf III war ein Auto abgebogen, er hatte das Nummernschild lesen können. »Ein Mercedes, jaja, mit einer Nummer aus Osnabrück.«

»Wieso haben Sie das erkannt?«

Poschinski erläuterte, in der BRD hätten Millionenstädte wie Köln, München und Stuttgart jeweils den Anfangsbuchstaben, große Städte zwei und Landkreise drei Buchstaben auf dem Schild. Und OS bedeute Osnabrück.

»Woher wissen Sie das?«

»Ja woher.« Der Soldat wollte augenscheinlich anfügen, das wisse schließlich jeder. »Weiß ich schon so lange, daß ich gar nicht mehr weiß, woher. Du?«

»Einer aus meiner Klasse hatte 'nen Autoatlas ausm Westen. Da war hinten drin eine Liste mit den Kennzeichen, Genosse Oberst.«

Hippel wippte ein wenig vor und zurück. Das war es: Der eine schnappte was im Fernsehen auf, der andere im Radio, Rentner schmuggelten Zeitschriften. Braungebrannt die beiden, sportlich, intelligent, nichts war gegen ihr Auftreten zu sagen. Aber es fehlte eben etwas, das ganz drinnen steckte, der Klasseninstinkt, dieser glasklare Gedanke immerzu: Wir oder sie! Hielten sich sicherlich für gute Grenzsoldaten, gafften aber 'nem Mercedes hinterher. Hippel hatte einen Stadtplan von Berlin gesehen, da hörte jenseits des Schutzwalls alles auf, da verbanden keine Straßen mehr, war ja nicht wichtig, ob und was es drüben noch gab. Vielleicht wäre es falsch, im Politunterricht direkt dieses Thema zu behandeln, manche könnten bockig reagieren: Wenn wir eines Tages in Berlin West einmarschieren *müssen?* Für diese Maßnahme lagen andere Karten bereit, sicherlich. Die richtigen Karten in die richtigen Hände!

»Erstens haben Sie nicht *sowas über* die Grenze zu beobachten, geht Sie nichts an. Zweitens: Was es drüben für Autonummern gibt, geht Sie auch nichts an. Das ist Fakt. Klar?«

»Zu Befehl, Genosse Oberst!« kam es gleichzeitig aus geübten Kehlen, prompt, einwandfrei.

Eine Handbewegung: Wegtreten! Auch gegen die Abmeldung war nichts einzuwenden. Hippel überlegte, ob es angebracht wäre, den beiden einen Dämpfer zu verpassen, Ausgangssperre oder Brennesselvertilgung am Sonntagnachmittag. »Ist eine Schwachstelle, wo die gestanden haben. Erst immer Wald, und dann plötzlich freies Feld. Traktoren, BRD-Bauern. Früher war da noch dieses Reklameschild.«

»Aral.«

»Wir könnten was hinpflanzen.«

»Birken wachsen am schnellsten.«

»'ne Birkenhecke.« Das reden wir jetzt, und wahrscheinlich wird es vergessen. Immer war etwas aktuell, drängend. Für wirklich wichtige ideologische Probleme blieb immer weniger Zeit. BRD, Schutzwall, Bino, Gothaplast. Mal überlegen, ob sich das Rennsteiglied fürs Marschieren eignete. Müßte eigentlich.

»Übrigens, Jürgen, zu deiner Frage neulich: Unser Traditionsbanner ist seit einem halben Jahr beim Regiment. Das ist Fakt. Hast du das nicht mitgekriegt?« Der Oberst ließ eine Pause folgen, und Hippel überlegte, ob vielleicht der Namen des Genossen Ulbricht eingewebt oder auf ein Schildchen am Schaft graviert sein könnte, und ob man ihn nun entfernte. »Kupferblech meint, die Fahne hätte mit dem Moped-Werk zu tun.«

»Gero war noch gar nicht hier. Das war so: Sie wollten beim Regiment ein Kampfmeeting mit Abordnungen aus mehreren Bruderstaaten veranstalten. Fahnenblock neben der Tribüne. Ist dann ins Wasser gefallen, und die Fahne ist dortgeblieben. In Suhl hat es vor Urzeiten einen proletarischen Aufstand gegeben, *an den* erinnert die Fahne. Vielleicht fährst du mal zum Regiment und bringst sie mit. Mit den beiden von eben verfahren wir so: Kein gemeinsamer Streifengang mehr. Einen werde ich zu einem Nachrichtenkurs abstellen. Alles muß so gedeichselt werden, daß sie keine Abneigung gegen die Maßnahmen aufbauen können, daß sie den Grund gar nicht mitkriegen. Osnabrück ist vollgerammelt mit britischer Rheinarmee, das ist Fakt. Aber das andere, mit den Birken, das ist gut.«

Hippel meldete sich ab. Mal sehen, ob es in der Bibliothek ein Buch über die proletarischen Kämpfe hierherum gab. Wäre für einen Schulungsabend nicht schlecht. Das Referat hielt dann eben nicht Kupferblech. Der riß die Augen auf und war auf einmal nicht der Schlaueste.

Als er zu den Offiziersblocks hinaufging, fühlte er sich schlapp, ausgelaugt. Truppendienst schlauchte auf die Dauer. Schule wäre gut, Hochschule in Plauen am besten. Leningrad nicht, da hätten die Weichen eher gestellt werden müssen. General war nicht mehr drin. Aber Major, dann war der Weg frei bis zum Oberst.

Auf den Rohren der Fernheizung balancierten zwei bestenfalls Achtjährige und sprangen nicht herunter, als sie ihn sahen. Ob sie wohl die Wolle herausgerissen hätten? Was für Wolle? Und ob sie denn *alles* kaputt machen müßten? Wieso kaputt? Wenn nun jeder... Hippel gab es auf, erziehen zu wollen. Und wenn er ihnen zehnmal vorbeten würde, daß es solchen Komfort in der BRD nicht gab... »Haut ab, sonst knallt's!« Und: »Laßt euch ja nicht wieder hier blicken, sonst bezahlen eure Eltern!« Die Jungen sprangen fort wie die Wildkaninchen.

Es war erst drei, als er die Wohnungstür aufschloß. Stille im Block. Fast wäre er ins Bett gegangen, aber er fürchtete, zu tief abzusacken; dann käme er bis zum

Abend nicht mehr hoch. Er legte sich auf die Wohnzimmercouch. Sah die Jungen den Weg hinunter sprinten und den Oberst, der ihm etwas über die Fahne erklärte, ein Geschenk der Stahlarbeiter aus Kriwoi Rog war sie nicht. Vor ihm Kupferblech mit neidisch geweiteten Augen. Matrosen marschierten, die Gewehre mit der Mündung nach unten. Junge Pioniere mit blauen Halstüchern sangen das Lied vom Kleinen Trompeter. Urlauber spachtelten Klöße. Undeutlich nahm er wahr, daß Sven die Tür öffnete und leise wieder zuzog. Die Wohnungstür klappte. Der kleine Trompeter, ein lustig Rotgardistenblut. Klöße mit Sauerbraten, am besten schmeckte der Fettrand.

Kaffeeduft. Klirren von Tassen. »Na?« Marion stand über ihn gebeugt.

»Hab ich geschlafen! Wie spät?« Er hatte doch glatt anderthalb Stunden verpennt.

Eierschecke aß er neben Bienenstich am liebsten. Er kippte die Beine zur Seite und drückte sich hoch. Am besten wäre es, sich ein bißchen zu waschen. Wenigstens kämmen. »Was gab's?« Eigentlich wollte er gar nichts wissen.

»Die von der Kontrollkommission haben angerufen. Ich hab 'nen Termin beim Kreis.«

»Ach verdammt.«

»Da krieg ich die Sache endlich hinter mich.«

»Gleich die Kontrollkommission.«

»Wieso *gleich*?«

»Da steht doch von vornherein fest...«

Sie holte Luft. »Für dich steht immer irgendwas fest. Da ist ein *Bericht* gemacht worden, der wird im Kreis ausgewertet.«

Rüge. Strenge Rüge? Ausschließen würden sie Marion deswegen nicht. Aber wenn er auf die Offiziersschule wollte, und sie käme mit nach Plauen, dann stünde in ihren Papieren: Strenge Rüge. Konnte erst nach drei Jahren gestrichen werden.

»Ich seh dir doch an, daß dir gleich wieder das Schlimmste durch den Kopf geht.«

Dem Thema war nichts weiter abzugewinnen. Sollte er vom Mercedes aus Osnabrück berichten oder von seiner Idee mit den Birken? Wann interessierte sie sich schon mal für seine Arbeit.

Von einem Augenblick zum anderen fand sie ihn widerlich in seinem Armee-Unterhemd. Es war ein Jahr her, daß sie zum letzten Mal darum gebeten hatte, daß er daheim, und zwar sofort, ein richtiges Hemd mit Kragen anzog, ein Zivilhemd, Oberhemd. Aber dieser Lappen, ausgeleiert, der den blassen Halsansatz freiließ, den Nacken, pickelgefährdet. Das kam vom Schwitzen unter dem kratzigen Stoff, war angeblich bei den meisten so. Und wie er die Tasse hielt. Sie hätte dieses schauderhafte Service längst rausschmeißen sollen. Das Schlürfen hatte sie ihm Gott sei Dank abgewöhnt. Das müßte doch möglich sein: Dienst war Dienst und wurde daheim mit den Stiefeln vor die Tür gestellt.

»Wenn die Sache bei der Kontrollkommission hängt, verpassen sie dir auch 'ne Strafe. »

»Na und?« Ihr konnte wenig bis nichts passieren, deswegen warf sie keiner aus diesem lächerliche Laden. Fanden ja sonst niemanden. Aber er! Ihn versetzten sie, und sie zockelte mit. Brave kleine Soldatenfrau. Hielt ihm den Rücken sauber. Wenn Friedeberg wegen seines Magens wegkippte, rückte sie nach. Ob mit oder ohne Rüge. Selbstkritik kam nicht in Frage, eher 'ne hübsche kleine Szene, Schreikrampf mit Tränen, da ging jede Kontrollkommission in die Knie. Die paar Frauen dort wollten rabiater sein als die Kerle und durchschauten trotzdem sowas noch am ehesten. Aber es war ja nur im Kopp ihres lieben Gatten soweit.

Aus Ärger ging sie nach dem Kaffee ein Stück den Hang hinauf. Wollte bißchen Luft schnappen, sagte sie. Gegen die Landschaft war nichts einzuwenden, Pilze gab's im Herbst massenhaft. Das war ein Vorteil im Sperrgebiet, sonst wären Busladungen aus Erfurt und Weimar reingerammelt und hätten noch jede madige Perlkrücke weggeschleppt.

Von einer Bank am Waldrand aus war der Blick frei übers Städtchen. Natur und Romantik jede Menge. Den Bach in der Senke hatte jemand dreifach angestaut, die Teiche waren verschlammt. Sie machte sich sowieso nichts aus Karpfen. Über Romantik hatte sie einen prima Satz gelesen: »Der schönste Platz auf Erden mein, das ist Heidelberg in Wien am Rhein.« Lag ja alles drüben. Hier müßte mal jemand was dichten mit Kap Arkona, Brühlscher Terrasse und Lilienstein. Mein und Stein – im Kabarett würden *alle* über sowas brüllen außer ihrem hervorragenden Gatten.

Diese Bank war nicht ihr schönster Platz auf Erden, aber immerhin. Früher war es mal die Osttribüne vom Leipziger Zentralstadion gewesen. Zwölftausend hatten mit ihren Tüchern Buchstaben und Symbole gebildet, sie eine von den Zwölftausend. Da sollte mal jemand behaupten, sie könnte sich nicht einpassen. Schon das:

Von morgens an hatten sie so wenig wie möglich getrunken. Davon stand nie was in der Zeitung. Unten die Armeeschau, Jürgen mit drin, den hatte sie damals noch gar nicht gekannt. Und Ulbricht weit drüben mit seiner Lotte. Freie Fahrt auf der Straßenbahn, da waren sie immerzu hin und her gekutscht, rein und raus. Zwecke dabei, in den war sie verknallt gewesen mit ihren achtzehn. Jetzt ging einiges durcheinander. Die Schau auf der Osttribüne war später abgelaufen, mit Zwecke war sie zu einer Sportschau im Norden gefahren, ins Stadion des Friedens. Zwecke, die wilde Leidenschaft. Im Gewühle bei ihm auf dem Schoß und er bei ihr auf dem Schoß, und Rentner mit Urlaubskoffern hatten gespeckert. Einmal in Schkeuditz aus der 29 raus und gleich wieder zurück, was sie bloß davon gehabt hatten. Damals war es noch primitiv zugegangen, nicht so wie später beim Turn- und Sportfest. Das war einfach Klasse: Verpflegungsbeutel mit Dauerwurst und Gulaschbüchsen und dem Kochgestell und den Hartspiritusstückchen, und das Größte war gewesen: Auf einem Schulhof hatten sie ihre Büchsen warmgemacht, und in *dem* Augenblick, ge*nau* wenn das Stückchen verbrannt war, hatte der Gulasch die richtige Temperatur gehabt. Alle Klamotten umsonst, einmal war sogar ein schicker Regenumhang dabei gewesen, den hatte sie schon nach zwei Tagen verloren. Wenn nur das Problem mit den Toiletten nicht gewesen wäre.

Als sie nach einer Stunde zurückkam, war abgewaschen und der Tisch gedeckt, das fand sie keinesfalls selbstverständlich und es stimmte sie halbwegs friedlich. Lob wäre zu viel gewesen.

In der Glotze: Ilona Slupianek stieß die Kugel auf 22,06 m. Nach der Aktuellen Kamera wurde ein Film wiederholt. »Der Dritte« mit Jutta Hoffmann, Barbara Dittus und Armin Mueller-Stahl; seine Stahlaugen ließ sie sich nie entgehen. Die Handlung lief auf mehreren Ebenen ab, und natürlich fragte ihr Mann einmal, was und wie denn das wäre, und sie warf kurz hin: Rückblende, und unterdrückte ein fälliges: du Dussel. Sven setzte sich für ein paar Minuten dazu, schwieg und verschwand. Die Hoffmann ließ sich mit ihrem Physiklehrer ein und bekam von dem Feigling natürlich ein Kind. Die Rolle von Mueller-Stahl fand sie fies; blind und dann klaute er auch noch Geld aus der Gewerkschaftskasse und türmte nach Westberlin. War natürlich Schwachsinn, daß *er* einen Blinden spielen mußte, war einfach Verschwendung: Die tollsten Augen der DDR und dann das. Zwei falsche Männer hatte die Hoffmann, die Zeit rannte ihr weg, noch einen Fehler konnte sie sich nicht leisten. Deshalb suchte sie wie verrückt nach dem Dritten, ihre Freundin Lucie paßte höllisch auf. Das konnte jede Frau im entsprechenden Alter nachempfinden. Marion stand voll auf Juttas Seite, spillrig war die beinahe, aber wie sie lächelte, hin-rei-ßend. Genau so war das mit dem Glück. Die Hoffmann kaufte einen Sessel für 998 Mark; irgend eine Pfeife von Mann machte ihr Vorwürfe, dafür hätte sie eine Kautsch haben können und drei Sessel dazu. Das hätte der liebe Jürgen ihr auch vorgeworfen, wenn sie jemals einen Sessel für tausend Piepen und zwei zurück angeschleppt hätte, bloß, weil er ihr gefiel. Ein klasse Film, auch, wie eine Junge einen alten ausgemergelten Kerl aus Mitleid nahm, weil der aus dem KZ kam. Das war *der Punkt*, da fragte die Hoffmann die Dittus: »Ach, Margit, warum kann man als Frau nicht bei einem Mann klingeln und sagen: Guten Tag, Sie gefallen mir, ich wollte Sie fragen, was Sie für ein Mensch sind.« Und die Dittus antwortete: »Kann man eben nicht.« Wenn sie den behaarten Affen fragte: Möchte gern wissen, was sind Sie für ein Mensch, ich meine Mann?

Sie wunderte sich, daß es sie nicht störte, als der Hauptmann neben ihr in die Küche ging und nicht mit Bier wiederkam, sondern mit Rotwein, den sie nie trank, und nicht fragte, ob sie Weißwein wolle; wahrscheinlich war keiner da. Sie fühlte sich viel näher bei der Hoffmann und der Dittus als bei dem Kerl im Armee-Unterhemd, *ihrem* Mann, wie es irrerweise hieß.

»Du, Marion«, der Film dauerte höchstens noch zehn Minuten, »bin müde, ich mach mich davon.«

»Nicht weiter schlimm.« Sie dachte: Genau wie im Film.

6. Kein Fleisch gibt's nebenan

Als es soweit war, wurde Hauptmann Hippel doch kein Pkw bewilligt, um das Ehrenbanner zu holen; das Benzinkontingent war bis auf die nur im Verteidigungsfall anzuzapfende Reserve erschöpft. Genosse, das mußt du doch einsehen! Immerhin schaffte er es, daß er einen Genossen Soldaten mitnehmen durfte. Ein Hauptmann mit verpackter Fahne über der Schulter, das nun doch nicht. Die Freunde* machten es vor: Dem Offizier schleppte ein Rekrut das Gepäck, zwei oder drei Schritt hinter ihm. Das hatte er in Leipzig vorm Hauptbahnhof hundertfach gesehen. Manche benutzten immer noch Koffer aus Sperrholz.

Im Bus war es zu laut, um sich zu unterhalten. Im Wartesaal konnten sie nicht dauernd stumm nebeneinander hocken. Wie das wohl bei den Freunden zuging: Saßen da Offizier und Muschik an getrennten Tischen? Wenn es nach ihm ginge, würden Offiziere und Soldaten in *einem* Kasino essen, unbedingt.

Der Soldat stammte aus Oschatz. »Wo das Glaswollewerk is«. Import aus Italien, hochmodern; für den Speisesaal hatte ein Leipziger Maler ein Wandbild geschaffen, das längste der DDR oder Europas. Er hatte es nicht gesehen, hatte in Wurzen Dreher gelernt. Und gleich nach der Prüfung zur Fahne, da verlor er am wenigsten Zeit. Ihm mußte Hippel nicht jeden Wurm aus der Nase ziehen, der redete freiweg: Manche wurden zurückgestellt

---

* Freunde – verbreitete Kurzform für »sowjetische Freunde«

und dann zu einem Zeitpunkt gezogen, der ihnen am wenigsten paßte, vielleicht, wenn sie gerade ihr erstes Geld verdienten. Und, fragte Hippel, wäre nichts drin mit einer Verlängerung auf drei Jahre? Der Soldat lachte, nee, das hätten andere schon versucht, er machte seinen Dienst gerne, aber achtzehn Monate langten ihm. Und wäre es nicht ungerecht: Die einen schrubbten Grenzdienst, und die anderen gingen jeden Abend schwofen? Na, wenigstens jedes Wochenende? Mädchen durften nicht rein ins Sperrgebiet, bloß Ehefrauen, aber sollte er deswegen heiraten mit neunzehn? Und wen?

Im Zug ging's weiter – Oschatz, da wäre ja nun *die* Panne passiert. Sowas stünde in keiner Zeitung. Als das tolle Werk fertig war, hatten sie von einem Tag auf den anderen vierhundert junge Kerle aus Marokko geholt, kaum war Zeit gewesen, ein paar Baracken hinzuschachteln. Und kein Mädchen dabei. Schon am ersten Sonntag hatte es in einem Tanzschuppen Keilerei gegeben und später Messerstechereien und sonstwas noch. Konnte das denn keiner voraussehen?

Hippel wollte etwas von internationaler Solidarität einwenden, aber das paßte wohl nicht ganz. Das wären doch alles Muslime, da wären die Mädchen längst nicht gleichberechtigt, müßten Schleier tragen. Da ließen die Eltern ihre Töchter nicht...

»Da darf man eben auch keine Jungs holen.«

»Aber wenn sie nur bei uns ausgebildet werden *können*?«

Das klang beinahe höhnisch: »Die haben die paar Handgriffe in einer Stunde gelernt, und dann ran in drei Schichten. Nach zwei Wochen waren die ersten krank, weil sie das Essen nicht vertrugen. Früh in der Dunkelheit raus, das im Winter! So ist das auch mit den Kubanern. Die liegen daheim unter den Palmen, spielen Gitarre...«

»Na!«

»Ich meine, unser Wetter!«

Hippel schaute hinaus; noch eine Station bis Suhl. Hübsches Waldtal mit Bach, hier und da schmucke Häuschen. Wenn die Genossen Soldaten nicht von selbst spürten, *was* sie schützten, müßte man es ihnen nahebringen. Vielleicht mal ein Lichtbildervortrag. »Schöne Gegend.«

»Ich mach mir nüscht draus.«

»Wo sind Sie denn am liebsten?«

»An der See.«

»Vielleicht versetzen wir Sie nach Rügen?«

Der Soldat lachte.

Die Fahne stand bereit, Hippel sollte nur noch unterschreiben. Er zog die Hülle ab und breitete das Tuch über einen Tisch. Purpurrot und golden war eingewirkt: »Ehrenbanner« nebst »Wir geloben Wachsamkeit« und »Vorwärts zu Ehren des VIII. Parteitags der Sozialistischen Einheitspartei Deutschlands«. Der Feldwebel, der die Fahne mit der Quittung verglich, versicherte, ge*nau* das sei das gute Stück, er hätte auch nichts weiter da.

Auf dem Korridor begegnete er Paulsen, Hauptmann wie er. »Demnächst treffen wir uns.« Paulsen blickte unter schweren Lidern heraus und schmunzelte. »Von ganz oben äugt man auf dein Häppchen Grenze.«

»Von wie weit oben?«

Paulsen blickte zum Himmel.

»Doch nicht ausm Politbüro?« Das sollte ein Scherz sein.

»Vielleicht noch höher.« Paulsen lachte und klatschte Hippel gegen den Oberarm. »Im Kreml ist noch Licht«, zitierte er einen Magdeburger Dichter*.

»Nun mach gein Mist, sag endlich...«

Aber Paulsen wechselte das Thema. Die Fahne da? Ja, er wisse bescheid. Das war, als Ulbricht im Bezirk *den großen Rummel* machte. »Ich war noch Leutnant, wir haben die Sache sicherheitsmäßig durchgezogen.« Paulsen kratzte sich gefühlvoll an der Nase, ein Popeln war es noch nicht. »Er hatte 'ne Masse Vorschläge. Das Ding kennst du doch: Ulbricht fährt mit seiner Lotte übers Land, da sehen sie, wie ein Bauer Pferdeäpfel aufsammelt. ›Nun, Bürger‹, fragt der große Genosse, ›was soll mit den Ferdeäppeln wärn?‹ Der Bauer antwortet: ›Genosse Ulbricht, die tu ich an die Erdbeern.‹ Ulbricht an seine Frau: ›Siehstu, Lodde, es muß nich immer Schlagsahne soin!‹«

»Und?«

»Die Genossen im Bezirk meinten, sie hätten zu wenig Kühlkapazität für Fleisch und Gemüse. Da mußten sie hören, hier herum gäbe es doch massig alte Bergwerke, in denen es hübsch kühl wäre. Also! *Die* sollten sie doch erstmal überprüfen, ehe sie auf Investitionen spekulierten. Da sind wir dann in die hintersten Täler gekrochen. Allen war klar: Ging nicht wegen Strom, Feuchtigkeit, Verkehrsanbindung, du kannst doch nicht 'ne Straße in irgendein Seitental bauen, bloß weil du da hinten drei Kisten Butter in die nassen Felsen stellen sollst. Aber drüber weggehen war genau so unmöglich. Also wies eine

---

* Magdeburger Dichter – gemeint ist Erich Weinert

Expertengruppe von zwölf Mann sechs Wochen lang nach, daß der Vorschlag zwar hervorragend, aber im Detail – du verstehst?« Paulsen verabschiedete sich lachend.

Der Genosse Soldat wartete am Tor. Während des Rückwegs gingen sie meist nebeneinander; wenn es eng wurde, blieb Hippel zurück, während ihm die kahlgeschorenen Kofferträger der Freunde wieder in den Sinn kamen. Über die Berge pfiffen zwei Düsenjäger und ließen ihren Donner das Tal hinabrollen. So sehr er sich zu wehren suchte, war doch sofort die Erinnerung an das Frühjahr 1945 da, als amerikanische Tiefflieger die Straßen vor Leipzig beharkt hatten, das war so ein Ausdruck gewesen: zur Sau machen. Da hatte ein Fähnleinführer sie in einer Baracke zusammengerufen. In drei Wochen sollten sie ins Jungvolk aufgenommen werden. Manche von ihnen trugen schon Uniformstücke. Er nicht, da war er sich absolut sicher. Nie würde ein Foto auftauchen, er etwa im Braunhemd. Das waren *Zusammenkünfte* gewesen. Er belog niemanden, wenn er sie überging.

Es war schwierig, sich das Klirren der Sherman vorzustellen. Zu oft waren Panzer an ihm vorbei durch märkischen Sand gerollt, damals über Leipziger Straßen, hatten beim Drehen das Pflaster aufgerissen und die Bordkanten zerschrammt. Dahinter Infanteristen mit unförmigen Helmen, die Waffen vorgestreckt. Sein erster Neger. Die Angst, der könnte ahnen, daß er Werwolf war. Der Fähnleinführer würde sie sammeln, sicherlich an Führers Geburtstag, er würde Panzerfäuste mitbringen, dann brach in ganz Leipzig der Aufstand aller Hitlerjungen los. In sämtlichen Fragebögen hatte er hinter: »Mitgliedschaft in Organisationen der NSDAP« einen Strich gemacht. Er war ja nicht am 20. April 1945 ins Jungvolk aufgenommen worden, etwa in einem Keller, illegal durch den Fähnleinführer mit einer Pistole am Koppel, während draußen die Amis patrouillierten. Den Fähnleinführer hatte er vier Jahre später beim Fußball in Leutzsch gesehen und nicht angesprochen. Den würde er längst nicht mehr erkennen und er nicht ihn. Ein Spuk, ein Hauch. In manchen Religionen glaubten sie an eine Wiedergeburt. Genausogut hätte er Landsknecht im Dreißigjährigen Krieg gewesen sein oder mit Kolumbus nach Amerika segeln können. Danach hatten sie die Amis beklaut, die Besatzer, ehe die Freunde kamen. Davon hatte er Sven erzählt: Die Amis, die Dokumente und Wissenschaftler fortgeschleppt hatten. Jetzt lauerten sie hinter den nächsten Bergen, sprungbereit in der Senke von Fulda. Die Amis, schon damals seine Feinde.

Das Banner war so lang, daß es zwei Gepäcknetze beanspruchte. Der Soldat ulkte, nach der Verkehrsordnung müßten sie einen roten Lappen anbinden, damit niemand mit dem Kopp dagegenbumste. Sie kamen wieder auf die Ostsee, Volleyball am Strand, ins Wasser, raus und wieder Volleyball. Seine Welt, schwärmte der Soldat. Der Volleyballplatz im Objekt wäre zertrampelt, da bräche man sich die Knöchel, wenn man richtig ranging. Ein wertvoller Hinweis, erwiderte Hippel.

Da wurmte noch etwas, der Genosse Soldat hatte seinen behutsamen Werbeversuch auf drei Jahre fröhlich abgeschmettert. »War ja bei jedem anders, als er sich gemeldet hat. Bei mir war's im August einundsechzig, als wir in Berlin dichtgemacht haben. Ein Ruck überall: In den Betrieben wurden Verpflichtungen abgegeben, Arbeiter meldeten sich spontan zur Partei. Und ich hab für die Armee unterschrieben. Mit meiner Frau gab's ein grundlegendes Gespräch. Muß ja in der Familie stimmen sowas. Und ich stand mitten in einem Meisterlehrgang. Wir oder sie.« Der Soldat nickte kaum merklich. »Meister bin ich nun bis heute nich.« Kleines Lachen. Warum stieß nach so vielen Jahren immer noch die Erinnerung hoch, daß er in Mathe gehangen, kurz gesagt, verdammt mies dagestanden hatte? Das konnte doch nun mal absacken.

Als er am nächsten Tag Meldung erstattete, hörte der Oberst erstaunt zu. So, achter Parteitag, so. Eine Chronik gäbe es, allerdings sei sie seit einiger Zeit nicht weitergeführt worden, vielleicht, daß sich Kupferblech mal dahinterklemmte.

»Und da wäre ja noch mein Vorschlag mit dem Überfall, Genosse Oberst. Mit dieser Übung, jetzt, da die Fahne wieder da ist. Daß sie die Fahne erobern wollen.«

»Paß mal auf«. Der Oberst nahm sich eine Zigarette und hielt Hippel die Schachtel hin. »Denkst du, daß ein Kommandounternehmen realistisch sein könnte? Ich meine, daß die von drüben sowas deichseln *könnten*, jetzt?« Gleich nach dem dreizehnten August einundsechzig hätte es die wildesten Provokationen gegeben, Tunnelwühlereien, gewaltsame Durchbrüche undsoweiter. Natürlich verschärfe sich der Klassenkampf, aber die Mittel änderten sich. Eine Form des Klassenkampfes sei jetzt der Handel nach der BRD. Die tolle Rindermastanlage gleich hinterm Grenzstreifen, und wer kaufte das Fleisch? Die Lkw hätte Hippel doch sicherlich gesehen, »Südfleisch« stünde dran und »Moksel«, die holten Rinderhälften und bezahlten Devisen. In dieser Situation der Koexistenz ein Überfall? »Weißt du noch, was es für eine Aufregung gab, als auf der Grenzbrücke dieser italienische Kraftfahrer erschossen wurde, Mitglied der KP? Der Diensthabende wurde sofort nach Schwedt versetzt, an die polnische Grenze, in die Taiga. Das ist Fakt. Also Ruhe bei uns. Wir schlagen sie mit unseren Rinderhälften, bildlich gesprochen.« Der Oberst schien seinen Einfall lustig zu finden und ließ ein mutmachendes Lachen folgen.

Was sollte Hippel noch hier? Auf die Sichtlücke vorm Dorf III hinweisen? Schnellwachsende Birken noch einmal ins Gespräch bringen? Wenn das der Chef auch noch ablehnte – einen weiteren Dämpfer wollte er sich nicht einhandeln, nicht an diesem Tag.

Seine Dienstzeit war noch nicht vorbei, aber er hatte auch keinen weiteren Auftrag. Also Schluß und die Kurve gekratzt, deshalb würde ihm keiner an den Wagen fahren. In der Wachstube waren scharfe Jungs am Werk, dienstgeil mit zackzack; gerade schissen sie einen, der rauswollte, wegen einer fleckigen Hose zusammen. »Die Wichsflecken da, Mann!« Hippel tat so, als merke er nichts, ging ihn ja auch nichts an. Heute nicht.

Ehe er zu den Offiziersblocks einbog, fiel ihm ein, daß er Marion abholen könnte. Hatte er urlange nicht gemacht. Im Fleischkonsum schaute er nach etwas Besonderem, konnte aber nichts entdecken. Die Rindslende neulich – sowas kam nie wieder. Dieser gemeine Moskauer Witz: Jemand betritt ein völlig leeres Geschäft und fragt: Ach, es gibt wohl kein Fleisch? Nein, so die Verkäuferin, bei uns gibt's kein Brot, kein Fleisch gibt's nebenan.

Woher kannte er den? Von seiner Schwägerin, ja. Scheußliches Ding.

»Heu«, sagte Friedeberg, »das is aber 'ne Überraschung. Und gerade is Ihre Frau mal fort. Was einkaufen.« Friedeberg wirkte noch grauer und schlaffer als beim letzten Mal. Magenkrank, aber Raucher. »Und wohin?«

»Nachm Markt, denk ich.«

»Mal sehen, ob ich sie treffe.« Hippel bummelte um zwei Ecken, blickte auf die Auslagen eines Schuhgeschäfts, ohne etwas richtig wahrzunehmen. Er könnte sich in den »Blauen Hecht« ans Fenster setzen und ein Bier zischen. War schon übel: Ärger im Dienst, dann wollte er nett zu seiner Frau sein, und die gammelte sonstwo rum. Da hieß es immer: Eure Familie bringt Opfer für euch, das müßt ihr anerkennen, nicht nur am Frauentag, achter März. Auch so mal Pralinen mitbringen oder 'ne Strumpfhose.

Marion bog um die Marktecke, neben ihr ein schlacksiger Kerl, die beiden im Gespräch, fröhlich, wie es aussah. Den kannte er nicht, aber wen kannte er schon. Eifersüchtig war er nicht, da war er sich sicher, obschon Marion bester Laune zu sein schien, wie ein Wasserfall quasselte, nun legte sie dem auch noch die Hand auf den Arm. Jetzt klapste *er* ihr auf die Schulter, das war wohl die Verabschiedung. Sie sah ihn – stutzte sie? Er war doch kein Zausel, der auf die Palme ging, wenn sie mal mit 'nem anderen redete. Er sperrte sie doch nicht ein, wie denn auch!

»Schon Schluß?« rief sie, als sie noch einige Meter von ihm entfernt war. Sie gab ihm einen schnellen Kuß auf die Wange. »Bei uns war nichts los, da bin ich fort, Sven braucht Unterwäsche. Eben hab ich den neuen Fahrer getroffen, den will ich mal langsam wegen 'nem Buntfernseher anspitzen. Feierabend?«

»Hab meinen Kram eher erledigt.«

Was sie denn jetzt machen könnten? Im Ratskeller wäre der Kaffee miserabel, Bier wäre jetzt natürlich nichts für sie. Aber irgendwas würden sie schon haben. Also in den »Hecht«.

Für sie einen Veltliner, der ihr lieber war als »Mädchentraube«. Kürzlich hatte er ihr Kopfschmerzen bis zum nächsten Mittag verschafft. »Alles geklappt?«

Er schilderte in groben Zügen. Da sah man mal, wie es mit der Tradition im Bataillon stand. Auch die, die urlange hier waren, wußten nicht, woher die Fahne stammte. In der Schule hatten sie alle einen Roman gelesen, »Die Fahne von Kriwoi Rog«*, und nun dachte jeder, genau *die* Fahne stünde bei ihnen.

Sie fragte den Kellner, ob der Wein wirklich so lau sein müßte; er erwiderte im Weggehen halb über die Schulter: »*Der* ja.«

»Unsereins will schließlich was durchsetzen. Der Volleyballplatz müßte in Ordnung gebracht werden, da bricht sich einer noch die Stelzen. Ich überleg, wie ich das hinkriege.«

»Das läßte mal alles ganz hinten. Ich schleppe auch keine Gedanken an die HO mit. Wir müßten was mit Sven unternehmen, zu dritt 'nen Ausflug am Sonntag, ein

---

* »Die Fahne von Kriwoi Rog« – Roman von Otto Gotsche; Staatsfunktionär, Nationalpreisträger. Rechte Hand von Ulbricht

Stück raus. Allc fahren nach Prag. Da bin ich noch nie gewesen.«

Ein Paar trat ein, Mutter und Tochter offensichtlich. Die Frau war so alt wie sie, die Tochter etwa vierzehn; in diesem Abstand hatte sie sich ihre Anja vorgestellt: drei Jahre jünger als Sven. Als Anja sechs hätte sein können, hatte sie mit diesem Spiel begonnen: Einschulung mit Zuckertüte und wippendem Rock, Anja, später Angela, Beatrix. Als Sven ein Jahr gewesen war, hatte sich sein Vater Hals über Kopf zur Armee gemeldet. Wollte er aus der Ehe raus, fluchtartig? Sie hatte gerade wieder zu arbeiten angefangen, da haute der Genosse Erzeuger ab. Mächtige Sprüche natürlich! Er oben in *Eggesin**, sie in Leipzig. Beim ersten Urlaub hatte er gejammert, sie würden ihn schleifen wie den letzten Hund. Andere wurden nach zwei Jahren Offizier, er viel später. Warum? Das würde sie genausowenig erfahren wie die wahren Gründe für die Meldung zur Fahne. Immerzu war er versetzt worden, Sven hatte sie ein Vierteljahr bei ihren Eltern unterbringen können, Ärger jeden Tag, eine Krise mußte man das schon nennen. Da ein zweites Kind? Jahre später hatte sie eine berufliche Chance gesehen, die nicht eingetreten war; auf einmal war es zu spät, hatte sie gemeint, was aus heutiger Sicht nicht stimmte. Nun war wirklich der letzte Zug fort.

Die Frau hatte ein Deckbett gekauft, wohin mit dem Bündel? »Hinter den Ständer«, rief die Tochter; Fränkisches mischte sich ein. Das klang entschieden, so hätte sie ihre Tochter auch gern gehabt, aufmüpfig beinahe.

---

* Eggesin – berüchtigter NVA-Übungsplatz in Mecklenburg

»Für Prag brauch ich 'ne Sondergenehmigung.«

»Dann beantrag sie doch.« Wahrscheinlich warteten die beiden auf den Bus, lebten in einem Dorf an der Grenze. Das Mädchen trug das dunkle Haar halblang, das paßte zu den Augen und den schnellen Bewegungen. Das Mädchen griff eher zur Speisekarte als die Mutter. Sie hätte sich immerzu mit ihr unterhalten, über den Einkauf oder die Gaststube hier, sie hätte nicht nur ein Bett für irgendwen, sondern etwas ganz Schickes für Anja gekauft, etwas, für das in ihrer eigenen Jugend kein Geld dagewesen war. Die Jacke war soweit ganz flott.

»Antrag für Prag – das könnte 'nen schlechten Eindruck machen. Dort treiben sich massenhaft Westgermanen rum.«

Sie zog ihren Blick von dem Mädchen ab. Dabei hatte sie nicht geseufzt und nicht ein bißchen anders geatmet als vorher. »Dann fahren wir vielleicht nach Dresden.«

»Grünes Gewölbe. Öde für Sven. Wir fragen ihn, und ich schau nach, wann ich den nächsten freien Sonntag hab.«

Für ihn ein zweites Bier – kurz vor sechs müßte sie noch mal in den Laden, Friedeberg würde sich sonst wundern. Er las die Speisekarte, Rostbrätl, Kaßler mit Sauerkraut, die üblichen Sättigungsbeilagen. Alles das machte Marion zu Hause besser. In einer unvermuteten Anwandlung sagte er: »Eigentlich geht's uns doch gut. Keinen Ärger bei mir im Dienst und bei dir mit der Arbeit, im großen und ganzen. Bei Sven klappt's, also?«

»Mal 'nen wirklich tollen Urlaub.«

»So wie vor drei Jahren, Gedansk* und Masurische Seen.«

»Oder Scheddschien* und von dort auf diese Insel. Mann, warst du braun.«

Bei Gelegenheit sollte er das Gespräch über den Lehrgang in Plauen und den Sprung in eine neue Position wieder aufnehmen. Sowas wie in ihrem Laden hier fand Marion in Plauen immer. Sven im Internat – es schob sich allerhand zusammen. Das Politbüro schaute auf sein Stückchen Grenze – alles bloß Quatsch?

Beim Hinausgehen streifte ihr Blick Haar und Schultern des Mädchens, die gebräunte Nase, eine Hand mit festen Fingern. Rührend: ein kleiner silberner Ring.

---

* Gedansk, Scheddschien – gemeint sind Gdansk und Szczecin

7. Im Kloßland

Der Spiegel im Reichsbahnklo war gesprenkelt wie von Fliegendreck. Die reflektierende Schicht bröckelte, am unteren Rand wirkte sie bizarr wie die Landkarte eines Archipels. Beinahe wie Rügen und Hiddensee. Sie beugte sich vor, bis sie ihren Mund einigermaßen deutlich sah. Nichts Scheußlicheres als Lippenstift auf den Schneidezähnen. Das Spältchen dazwischen hatte sie schon als Kind geärgert. Heute würde eine Klammer den Schaden beseitigen, aber in ihrer Jugend gab's andere Sorgen. Über eine neue Frisur sollte sie wirklich nachdenken. Dauergekräusel trug jede dritte, und acht Jahre waren genug.

Gut, daß sie das hellgraue Kostüm mit der cremefarbenen Bluse angezogen hatte. Und endlich einmal keine flachen Treter, wenn auch nicht gerade Pfennigabsätze, waren ja auch aus der Mode. Das beste für ihre Beine, optisch. Jede Mode kehrt mal zurück, bloß neunzehn würde sie nie mehr, auch nicht zweiundzwanzig. Nicht einmal zweiunddreißig.

Leicht bergan ging es sich mit diesen Absätzen am besten, steil hinunter wäre eine Katastrophe. Ach, diese vertrackten Stahlsorten: Nirosta, V2 A-Stahl, 10 Cr Niti, sie hatte sich allerhand eingeprägt. Während ihrer Ausbildung hatte sowas keine Rolle gespielt. Schrauben schwarz, die waren weder säurefest noch rostfrei. Die reine Elektrotechnik war das natürlich nicht mehr.

An allen Toren Stellenangebote: Betriebsschlosser, Staplerfahrer, Küchenfrauen im Schichtdienst, rüst. Rentner. Eine Fachkraft für Lagerwirtschaft zog auf diese Weise keiner an Land, da mußten ganz andere Beziehungen spielen.

Der Leiter war noch keine dreißig mit schütterem Haar, offenem Hemd unter dem Kittel, Schlabberhosen und Sandalen. Nach jeweils drei Sätzen ließ er ein Lächeln stehen. »Ich haue ab nach Sömmerda, so oder so. Obwohl es hier interessanter wird als seit Jahren. Aber deswegen stoppe ich nicht, was ich angeleiert hab. Dort kriege ich einen dreimal größeren Bereich, mindestens. Genossin Hippel, ich sage nur: Schlachthof Bagdad, Dringlichkeitsstufe allererster Ordnung, NSW*-Export, Generallieferant ASCOBLOC in Dresden, wir in Kooperationsbeziehung. Erläuterungsberichte müssen drei in englischer und zwei in deutscher Sprache beigefügt werden. Deshalb der Schnellkurs. Muß aber nicht unbedingt sein. Dann wird das eben in Dresden erledigt. Tja, und kadermäßig? NSW?«

Das berührte den heiklen Punkt, ob sie wohl als Reisekader infragekommen *könn*te. »Mein Mann ist bei der Grenze.« Ob er jetzt dachte: Auch gut, da wachsen bei ihr wenigstens keine Flausen, da unten eingesetzt zu werden? So eine machte innerbetrieblich niemanden rebellisch, blieb hübsch in Zella und organisierte den Nachschub.

»Wir liefern Motoren, Schaltungen, Sicherungen, Schraubverbindungen, alles rostfrei. Das ist *die* Schwierigkeit. Diesen Stahl haben wir nämlich nicht.«

»Und deshalb verduften Sie nach Sömmerda?«

---

* NSW – Nichtsozialistisches Wirtschaftsgebiet

Er saß rittlings auf dem Stuhl, die Arme über der Lehne. »Ich sage Ihnen das, damit Sie sich keine falschen Vorstellungen machen. Außerdem müssen wir die Glaubensvorschriften der Moslems berücksichtigen.«

»Ach du lieber Gott!«

»Um den geht es, um Allah. Und um eine Kapazität von fünfhundert Schafen oder Ziegen und fünfzig Rindern beziehungsweise Kamelen stündlich. Dazu gehören Ställe, Anlagen für Fleischkühlung und -verarbeitung, Vermarktung der Nebenprodukte wie Häute und Hörner, Heizwerk, Notstromaggregat, Wasserbehandlung. Elf Stunden am Tag soll geschlachtet werden, das geklärte Abwasser fließt in den Tigris. Wir haben bisher keine Schraube, keine Unterlegscheibe, null. Findig sein, Genossin! Sie plumpsen nicht ganz ins kalte Wasser. Im Bezirk Gera hat eine Handwerkergenossenschaft überlebt, die bearbeitet solche Stähle. Die kriegen das Rohzeug aus Westdeutschland, drehen und bohren, verdienen sich dämlich und liefern zurück. Wenn die abzweigen würden!«

»Was bieten wir? Waren Sie mal dort?«

Er schüttelte den Kopf, blickte ins Leere, fischte eine Zigarettenpackung aus dem Jackett und hielt sie ihr hin; nachdem sie abgelehnt hatte, bediente er sich und blies einen Rauchstrahl auf das Fenster zu.

»Also verspeisen sie dort unten Kamele. Schnellkurs, kein Stahl, keine Schweine.«

Er lachte. Eine Anleitung könnte sie mitnehmen, da seien die wichtigsten Begriffe in russisch, englisch, französisch und arabisch aufgelistet. »Zum Beispiel: Waggon-Nummer heißt number of wagon. Preiserstellung: quotation of prices. Auf italienisch: Calculacion del precio. Oder ist das spanisch?«

Sie überflog die Liste. Wenn sie nicht sprechen müßte, abschreiben könnte... Immerhin, die russischen Buchstaben beherrschte sie noch. »Kann ich das Lager sehen?« Er stand sofort auf.

Für einen Betrieb von knapp zweihundert Leuten war alles geräumig und übersichtlich gegliedert. Neben der Tür saß eine Frau nahe der Rente, sie trug eine blaue Kittelschürze wie üblich, das dichte graue Haar hochgesteckt, sie kaute und schaute die Besucherin böse an. Als der Leiter die beiden miteinander bekannt machte, wischte sie die Rechte an der Schürze ab und streckte sie halb vor, als fürchte sie einen elektrischen Schlag. Marion Hippel nahm die Hand, lächelte kaum und fühlte etwas wie einen zerbröselnden Schwamm. Die Frau kaute weiter.

Reichlich Kupferdraht lag gestapelt, der langte angeblich für sechs Monate. Die Motorenwicklerei war mit Aufträgen ausgelastet, natürlich ging ab jetzt der Exportauftrag vor. Rohlinge für Schaltschützen waren irgendwann übriggeblieben, die sollten längst abgestoßen werden. Jede Menge Isoliermaterial in verschiedenen Farben, wenig Lötzinn. »Und da?«

»Travertin. Das ist eine längere Geschichte, die reicht bis vor meine Zeit. Da sollte ein Belegschaftsraum gebaut werden, dazu ist es aber nicht gekommen; eine Baracke wurde günstigst angeschafft, betagter Armeebestand. Die genügt bis heute.

»Sowas wie Marmor?«

»Fast. Wenn wir den gegen die wunderbaren Stähle tauschen könnten!«

»Ein Bereichsrundschreiben im Bezirk kursieren lassen? Und was passiert, wenn Sie den Stahl *nicht* kriegen?«

»Wenn *Sie* den Stahl nicht kriegen. Ich bin in drei Wochen über alle Berge.«

Plötzlich eine rauhe Stimme: »Über den schönen grünen Thüringer Wald.«

Marion Hippel zuckte zusammen und schaute sich um, hinter ihr stand der kauende Wachhund, der diesen romantischen Satz von sich gegeben hatte.

»Helgamaus«, sprach der Leiter, »dich haben sie dann an deinem soliden Hintern. Und die Genossin Hippel gleich mit.«

»Bei uns im Kloßland galt es schon immer als unfein, den Po einer Dame zu erwähnen, merke dir das, Strolch. So weit ich sehe, ist deine Nachfolgerin auch nicht von schlechten Eltern, diesbezüglich.«

Marion Hippel merkte, wie sie rot anlief. Diese Frechheit durfte sie sich nicht bieten lassen. Daß sie ein paar Pfündchen zuviel auf die Waage brachte, wußte sie selber, aber die waren rundum verteilt, der Busen hatte auch etwas abbekommen. Eine Feindin konnte sie hier nicht brauchen. »Wissen Sie, was Berliner Pfannkuchen anrichten? Und Bienenstich und Eierschecke?«

»Mein Vater war Fleischer, für ihn gab es nichts besseres als Streuselkuchen.«

Jetzt lachten alle drei, und Marion Hippel bereute, sich den Namen der Frau nicht gemerkt zu haben.

Als sie mit dem Leiter wieder in dessen Büro saß, bat sie um eine Zigarette. Sie müßte in den nächsten Tagen mit ihrem Mann reden und ein bißchen durch die Gegend telefonieren. Mit der Partei auch. Die Kündigung könnte sie weiter oben durchziehen, niemand würde Schwierigkeiten machen. So wichtig war der Laden nicht, in dem sie ihre Stunden absaß.

»Wenn ich in drei Tagen Bescheid wüßte?«

»In fünf.«

Auf der Rückfahrt las sie im Material über das irakische Schlachtkombinat. »Das Gelände liegt wenige Kilometer südlich der Erdölraffinerie Dora und besteht hauptsächlich aus landwirtschaftlich genutztem Boden. Die Ausrüstungen müssen dem Höchststand der Technik entsprechen. Es sind nur fabrikneue Teile zu montieren. Zu jeder Ausrüstung gehören Abnahmebestätigungen der staatlichen Prüfungsorganisationen. Aufhängungen und Befestigungen, die der Freiluft ausgesetzt sind, müssen aus feuerverzinktem oder plastüberzogenem Material sein. Der AN* muß Ersatzteile für drei Jahre liefern. Alle Stahlteile müssen mit einem Schutzanstrich gegen Korrosion versehen sein, der den klimatischen Bedingungen angepaßt ist.«

Fein, und wie waren die? Fallstricke, wohin sie blickte. Wenn alle Bedingungen eingehalten wurden, zog sich manches monatelang hin oder wurde nie. Wer sich wie üblich durchmogelte, konnte leicht eins auf die Finger kriegen. Allerdings: Sie wollte aus diesem Kaff und dem Grenzgebiet raus. Nicht, um ein Stück von ihrem lieben Gatten wegzurücken, obwohl: Das auch. Norrmann spielte keinesfalls eine erste Geige. Dienstreisen waren

---

* AN – Auftragnehmer

drin, nach Dresden, zu dieser PGH*, die Weststähle ver-
arbeitete. Mal in Berlin übernachten? Ein Abstecher
nach Leipzig. Morgens aufstehen und überhaupt nicht
wissen, was der Tag brachte. Mal nicht nachgucken, ob
Sven saubere Wäsche trug, das Großbaby.

Es begann zu regnen. So schön es hier sein konnte,
wenn die Sonne schien oder Schnee lag, so wirkte es doch
trostlos, wenn die Wolken tief hingen und alles vor Nässe
troff. Das Wasser spülte Schmutzbahnen über die Scheiben. Wo wäre sie jetzt am liebsten? Auf der Strandpro-
menade in Ahlbeck im Wind und alles so hell, daß sie
selbst hinter der Sonnenbrille die Augen zusammenkniff.
Vor sich eine Tasse mit aber wirklich gutem Kaffee –
da klemmte der Traum schon, denn wirklich guten bekam sie nur, wenn ein Kunde ein Päckchen aus dem
Westen dagelassen hatte. Als sie sich die Seepromenade
vorstellte, hätte sie gern eine Zigarette zwischen den
Lippen gehabt. Kam der Wunsch danach häufiger, weil
sie aus dem Trott rauswollte und schon beinahe raus
war? Es ging doch in Wirklichkeit nicht um Norrmann,
oder?

Es hatte keinen Zweck, hier einen Pflock einzuschla-
gen oder dort, die Reihenfolge war wichtig. Jürgen nicht
zu viel Mitspracherecht einräumen, auf Gleichberechtigung pochen, jetzt war *sie* mal dran. Das Problem mit der
Partei ausräumen – oder erledigte sich das von selbst,
wenn sie den Kreis wechselte? Vielleicht war Sven sogar
froh, wenn sie ihm nicht jeden Tag auf der Pelle hockte?
Freiheit für alle.

---

* PGH – Produktgenossenschaft des Handwerks

Im Nebenabteil paffte eine junge Frau. Der Gedanke, sie um eine Zigarette anzubetteln oder zu fragen, ob sie ihr eine abkaufen könnte, kam mit einem Schlag und wurde beinahe entsetzt registriert. So nicht, Marion, so keinesfalls, Genossin Hippel! Es war ganz schön was im Busch.

8. Corinna Dampezzo

Die Strecke war an die dreitausend Meter lang, führte erst über Asphalt, dann über holprigen, nach Regen von Pfützen gesprenkeltem morastigen Pfad, dahinter sanft bergan, über einen schroffen Rücken, an einem FDGB*-Heim entlang, dort bisweilen von parkenden Autos verstellt, und schließlich steil zur Sportschule zurück. Fast alle aus dem Leistungszentrum haßten diese Übungseinheit, zu oft waren sie über den höllischen Parcour gescheucht worden. Bis zum Heim trabten sie im Pulk, ein Trainer vorneweg, ab dort hieß es: Freie Jagd! Ein anderer Trainer registrierte den Einlauf. Die ersten sammelten Pluspunkte für die ganze nächste Woche.

Sie waren an die dreißig, Bobfahrer und Rodler, ein paar Kombinierte dabei, darunter ein Jugendweltmeisterschaftszweiter und drei Gäste aus der befreundeten tschechoslowakischen Republik, verschlossene Burschen, von denen Sven Hippel meinte, daß sie alle Deutschen verabscheuten und zu Brutalität neigten. Auf dem ersten Teil der Strecke blieben die Tschechen zusammen, rempelten und traten auch schon mal jemandem in die Hacken. Der Ärger mit ihnen hatte bereits am ersten Tag angefangen. Einer hieß angeblich Dubtschek**, vielleicht nur mit dem Spitznamen. Die anderen brüllten immer: He, Dubtschek! wenn er ihnen beispielsweise beim Essen

---

* FDGB – Freier Deutscher Gewerkschaftsbund, die Dachorganisation der Gewerkschaften

** Dubtschek – Anspielung auf Alexander Dubček, Reformer aus Prag, für die DDR ein rotes Tuch

das Salz rüberschieben oder das Fenster schließen sollte. He Dubtschek! Dabei spähten sie höhnisch um sich. Die drei sprachen kein deutsch und russisch angeblich sowieso nicht. Heiko, der Berliner, hatte es auf englisch versucht, da hatte einer gleich fröhlich durch den Saal geschrien: »His name is Dubtschek, you understand, do you understand, old German!« In den »Eisernen Heinrich« waren sie reingesprungen wie die Wölfe. Ein Vierter aus Oberhof war ihnen zugeteilt worden, den hatten sie zunächst angeraunzt, ihm aber dann geduldig einiges mit Handbewegungen und Mienenspiel erklärt. Der hatte kapiert und hinterher eingestanden, daß die drei 'ne Menge draufhatten, wenn sie wollten, aber sie wollten eben nicht immer. In Dubtscheks Gesicht wechselten Spaß und Wut rasant, man wußte nie, wie lange eine Stimmung anhielt und ob nicht gleich die gegensätzliche Melodie gespielt würde. Jedenfalls war Sven froh, daß er die drei hinter sich gelassen hatte.

Die Trainer hatten sich unsicher gezeigt, wie sie sich verhalten sollten. Schließlich waren es tschechoslowakische *Freunde*, ausm sozialistischen Lager, brüderlich verbunden. Einer war ins Büro gegangen und nach einer Weile zurückgekommen und hatte zu einem anderen Trainer leise gesagt: Der heißt wirklich so. Dann hatte er ebenso leise angeordnet: Nicht provozieren lassen! Das war leicht gesagt.

Er fühlte sich ausgeruht und hatte von Anfang an reichlich Luft. Für eine herausragende Leistung in dieser Disziplin war er zu schwer, und seine Arbeit auf dem Bau trug nicht zur Lockerung bei. Schon deshalb fand er es irre, daß die Trainer auf diese Läufe so viel Wert legten; vielleicht taten sie auch nur so, um keine Gammelei einreißen zu lassen.

Die schmale Brücke im Grund sorgte dafür, daß die Rauhbeine aus der ČSSR ans Ende abgedrängt wurden, Sven hörte sie fluchen. Benno lief vor ihm, er sah auf dessen heftig auf und ab zuckende Schultern, krampfig wirkte das. Benno, der Konkurrent. Vor der Kuppe fiel meist die Entscheidung. Danach war es nicht mehr leicht zu überholen, dort machten erfahrungsgemäß die ersten schlapp. Beim Anstieg waren Sven manchmal die Oberschenkel schwer und heiß geworden, diesmal nicht. Heiko blieb neben ihm, stöhnte: »Die Tschechen, diese Arschlöcher.« Gerade da wollten zwei von ihnen vorbei, Sven streckte den Ellbogen heraus, nicht zu deutlich, nur für alle Fälle. Er trat an, leicht ging das, Heiko fiel zurück. Sollte er sich mit den Tschechen herumärgern.

»Ab die Post!« Der Trainer ließ sich seitlich herausfallen. Jetzt wäre es gut, einen Spurt einzulegen, aber schon nach wenigen Schritten fehlte ihm dazu die Kraft. Ein LKW stand mit vorgestreckter Schnauze und verengte den Weg, keiner konnte überholen, schon gar nicht die Tschechen, die wütend irgend etwas riefen. Danach stieß das Pflaster hart gegen die Sohlen. Sven machte noch einen Versuch zu beschleunigen, aber zwei zogen an ihm vorbei, noch einer und noch einer, eine ganze Gruppe; er hatte nichts entgegenzusetzen.

Schließlich waren sie zu dritt, abgehängt, hinter ihnen bummelte nur noch ein Nachzügler, der beste Rennrodler, der sich alles leisten konnte. Am Ziel war Sven der erste des Grüppchens, immerhin. Nach ein paar Schritten stemmte er die Hände auf die Oberschenkel, so stand er keuchend, während ihm den Rücken hinunter der Schweiß ausbrach. Aus ein paar Worten neben sich hörte er heraus, daß Benno der erste gewesen wäre.

»Antreten!«

Daß es auch jetzt noch militärisch zugehen mußte, sie waren doch nicht bei der GST. Als die Seitenrichtung stimmte, durften sie sich anhören, im Durchschnitt seien sie hundert Sekunden langsamer gewesen als beim letzten Mal, eine mittelschwere Schande. »Jeder andere würde euch gleich nochmal auf die Piste schicken! Zehn Minuten Pause, danach Kraftraum. Ab!«

Der Tag ging dann doch glimpflich zu Ende. Unter der Dusche seifte er sich ein zweites Mal ein, stellte das Wasser heiß, kühl, stark, daß es ihm die Schultern massierte. Vielleicht war das Duschen hinterher das beste am ganzen Training. Ausgenommen natürlich ein Start im Wettkampf, wenn er nicht mal hörte, wie die Massen anfeuerten, wenn er die Griffe packte, saugend und schraubend.

Im Vorraum wartete Heiko. »Ich hab was für dich. Kann ich dir hier nich zeigen. Los, komm!«

Die Straße hinunter und in die Eisdiele. Eis mit allerlei Früchten stand auf der Karte, aber dann gab es nur Eis mit Apfelmus. Heiko zog eine Zeitschrift aus der Tasche, Sven erkannte sofort an der Puppe auf dem Titelbild: Ausm Westen. Heiko blätterte: Bob-Bahn, Fahnen, Hotel, Alpengipfel. »Das hier mußte so aussprechen: Cortina Dampezzo.«

Sven buchstabierte, sprach nach: »Dampezzo.« Dort hatten Olympische Spiele stattgefunden. Und in Sapporo und in Innsbruck. Dorthin mußte er, dorthin kam er. In sechs Jahren. Bobfahrer hielten sich bis fünfunddreißig, vierzig. Das war nicht wie beim Schwimmen, da hieß eine mit zwanzig schon »große alte Dame«. Annonce für den neuesten BMW, für Parfüm wieder mit scharfer Maus.

»Wo haste das her?«

»Irgendwoher.«

»Kann ich mal mitnehm?«

»Andermal.«

So tat Heiko oft, großspurig, dunkel. Irgendwoher – als hätte er sonstwelche Verbindungen. Und übers Bobfahren maulen, Bobben nannte er es dann. Die alten Bobber, die Bobbisten, die Knaller; gab es einen Sport, der dußliger war? Man sollte sie alle mit Preßluft durch eine Röhre schießen! *Tennis* wäre etwas für ihn, war aber keine Olympische Disziplin und kam deswegen in der DDR nicht hoch. Lässig, gaaanz *lässig* würde er auf dem Centre Court aufschlagen. Er im gemischten Doppel.

Sven blätterte. Eine Frau erledigte den Vergewaltiger ihrer Tochter im Gerichtssaal mit vier Schüssen. Dann überreichte sie *lässig* die Pistole dem nächsten Wachtmeister. Kein Foto ohne Alpengipfel. Wenn er Trainer wäre, würde er solche Fotos in allen Räumen aufhängen und täglich predigen: Nur wer sich anstrengt, kommt dorthin! »Du, ich muß hoch zum Reisebüro, was für meine Eltern fragen.«

»Mach das, mein Junge.«

Ein Weilchen las er die Anzeigen. Ein Wochenende in Dresden, eins in Berlin Hauptstadt der DDR mit Schiffchenfahrt auf dem Müggelsee. Wäre ein Ding, er sagte lässig: Dampezzo. Damit würde er den Alten auf die Palme bringen. Wäre ungerecht. Der mußte nun mal so denken. Wenn jetzt einer mit dem Buntfernseherkarton ankäme. Das sollten sie ausmachen, wenn es soweit war: Sie trafen sich vorm Reisebüro.

Bei der Busfahrt hinunter schlief er nicht ein wie gewöhnlich. Benno hatte gewonnen, das sollte er nach dem Gemurmel des Trainers von neulich nicht unterschätzen. Als Konkurrent mußte er ihn ernst nehmen, und wenn er zehnmal selber Linkshänder war. Dieser Ausflug: Er machte mit, was die Alten wollten, meckerte nicht rum. Was man so hörte, wie andere Offiziere ihre Kinder trietzten. Wer hatte denn von dem Hauptmann erzählt, der sonntags Frau und Kinder über die Sturmbahn hetzte, er selber natürlich vorneweg?

Vom Busbahnhof um die Ecke, da stand Gitti. Sie trug einen ganz neuen, ganz weißen Anorak, darin sah sie nicht so blaß aus wie sonst. Sah überhaupt nicht schlecht aus. »Na?«, und er erwiderte: »Was na?«

»Mein Bruder hat 'nen Motorroller gekriegt.«

»Neu?«

»Nee, aber klasse. Wir waren schon am Bärberg oben. Das Ding klettert!«

Er konnte doch nicht hinfetzen: In Dampezzo könntste die Karre wegschmeißen. Diese Fotos mußte er aus seinen Gedanken wegdrängen, sonst machte er sich alle Laune kaputt. Jetzt war er hier und nicht dort, und keine Westbiene rannte ihm nach, sondern Gitti.

»Gummi meint, am Motor müßte man irgendwas aufbohren.«

»Gummi?«

»Mein Bruder. Eigentlich Gunther.«

Bis zum Markt blieb sie neben ihm. Er wollte gerade von dem mörderischen Lauf anfangen, da sagte sie:

»Gummi hat vier Karten für Sonnabend für die Disko in Hainsberg, kommste mit?«

»Nuja.« Seine Eltern hätten irgendwas mit Dresden oder Berlin gemurmelt, aber das könnte auch andermal sein. »Warste mal da?« Und wenn sie jetzt vorschlug: Komm doch bißchen zu mir mit hoch, ich hab 'ne neue Platte? »Muß überlegen.«

»Aber nicht zu lange.«

Das hatte nicht gerade dreist geklungen, aber so bettelnd wie sonst auch nicht. »Wie lange?«

»Bis morgen.«

»Holst mich wieder ab?«

»Hab ich dich abgeholt?« Jetzt lachte sie; von *der* Seite kannte er sie noch gar nicht. Er hätte sie gern zu einem Eis eingeladen, dachte aber an das fade Zeug in Oberhof, das war noch nicht einmal zwei Stunden her. Morgen wäre er auf der Baustelle an der Brücke vor Himmelsbach. Frühschicht bis gegen drei.

»Und da hättste mal Zeit?«

»Wozu?«

Sie lachte wieder, antwortete nicht gleich. »Wenn es nicht kälter wird, bin ich im Bad.«

»Ich komme mit dem Rad. Duschen kann ich ja dort.«

»Und du weißt dann Bescheid wegen der Disko?«

Er dachte: Eigentlich weiß ich jetzt schon Bescheid.

Daheim lag ein Zettel. Seine Mutter war fort zu einer Sitzung, er sollte sich Makkaroni und Jagdwurst aufbraten. Papa hätte Nachtdienst.

Er aß noch drei Schnitten mit Käse. Erst sah er die Aktuelle Kamera und merkte sich einiges, falls sein Vater danach fragen sollte. Den Ton der Tagesschau stellte er so leise, daß er gerade noch hörte: Tankerunglück vor der schottischen Küste, Bundeskanzler Schmidt empfing, Außenminister zum Besuch in, Überfall auf Flüchtlingslager in Angola. Werder Bremen gegen Rotweiß irgendwas. Danach drehte er sorgfältig auf den heimischen Kanal zurück.

Im Bett las er noch ein Weilchen. Die Handlung in seinem Lieblingsbuch sprang von Moskau nach New York, nach Berlin-West und wieder nach Moskau. Flughafen Tegel. Fraglich, ob ihm Heiko die Zeitschrift einmal mitgeben und ob er sie Gitti zeigen würde; warum eigentlich nicht. Da kam sie wenigstens nicht auf den Gedanken, er hätte nur dieses Nest hier und womöglich sie selber im Kopf.

»Deadrick lachte. ›Willst du es wirklich genau wissen?‹

›Ganz genau. Weiber haben mich immer interessiert.‹

›Nun ja, sie ist keine Heilige. Wir haben Leute, die sich mit Gedichtemachern in Moskau beschäftigen, mit Gitarrespielern. Sie hat in diesen Kreisen einen interessanten Spitznamen: Die Flötistin. Unser Mann wird jeden Fetzen Renommee brauchen. Eine solche Dame aber ist ein Angriffspunkt. Wer macht ihn denn zu einem zweiten Tolstoi? Wir! Wir brauchen keinen, der mit Flittchen sein mühsam aufgebautes Renommee zerstört! Diese miese Flötistin will er heiraten. Verdammter Mist!‹«

Er las die Stelle noch einmal. Warum sollte ein Russe, aus dem die Amis einen großen Dichter machen wollten, keine Musikerin heiraten?

Am nächsten Morgen fuhr er mit dem Rad zur Baustelle. Eigentlich hatten sie eine Verschalung hochziehen wollen, aber es waren keine Nägel da. Der Meister ließ ihn Sand zehn Meter weit karren, während die anderen in der Baubude rauchten und quatschten. Nach zwei Stunden brachte jemand auf seinem Moped zwei Pakete Nägel. Er blieb bei Karre und Schaufel, ärgerte sich, daß sie ihn nicht zum Brückenfundament riefen. Andererseits fand er es nicht schlecht, seinen Gedanken nachzuhängen – vollschaufeln, ein paar Meter schieben, abkippen, zurück. In einem Hotel gab es solche Gammelstunden sicherlich nicht, da saß einem immer ein Chef im Nacken. Vielleicht waren sie beim Hotelfach in der Berufsschule strenger, auch mit Mathe, mit Englisch sowieso. Eine Weile blickte er auf den Wald und die Straße entlang. Nächstes Jahr mußte er sehen, daß ihn jemand am Wochenende zum Garagenbau mitnahm, für zehn Mark die Stunde. So'n Nebenverdienst gab's im Hotelgewerbe bestimmt nicht. Aber Westtrinkgeld?

Die Nägel reichten bis knapp vor Schichtende. Er hatte als erster das Werkzeug weggestellt und schnappte sich sein Rad. Das Preschen durch die Kurve zur Stadt hinunter machte Spaß, das war das Gute am Sperrgebiet, daß hier fast keine Autos fuhren.

Sie saß am Beckenrand, die Füße im Wasser. Sie sagten »Hallo« und gaben sich nicht die Hand, so war es in der letzten Zeit Mode geworden. Das Unterteil ihres Bikinis saß über dem Hintern äußerst knapp, er äugte auf die Mulde zwischen den Pobacken. Glatte Haut, kaum gebräunt, der Sommer hatte ja eben erst begonnen. Sie fragte, wie's mit der Arbeit gewesen wäre, und schwärmte von ihrer Lehre, Floristik wäre für sie *genau das*, eben nicht nur Kenntnis von den Pflanzen, nicht Gärtnerei, sondern das *Künstlerische*, Kreative. Dieses

Wort sprach sie mit einer Selbstverständlichkeit hin, die ihn verblüffte. Er hätte seinen wahrscheinlichen Wechsel nach Oberhof dagegensetzen können, aber Gitti ließ sich ins Wasser rutschen und spritzte ihn naß, was er noch nie hatte leiden können. Er tauchte unter ihr durch und packte sie an den Beinen, daß sie kreischte und strampelte. Am Beckenrand hielten sie sich eine Weile umschlungen, aber von ihrer nassen Haut ging wenig Reiz aus. Sie küßten sich mit kalten Lippen, dann schwammen sie auf und ab, wobei er sich über ein Trüppchen Zehnjähriger ärgerte, das in einer Ecke eine lärmende Schlacht auf einer Luftmatratze austrug. Wie lange war das her, daß er und seine Freunde ebenso getobt hatten. Sie zogen ruhig und artig ihre Bahn, und ihm kam in den Sinn: wie Verlobte. Das erheiterte ihn, so gut hatte er sich seit Tagen nicht gefühlt.

Sie lud ihn zu einem Eis ein, er sie zu einer Bockwurst. Ein Wort tauchte in ihm auf: Dampezzo. So müßte ein Mädchen heißen: Corinna Dampezzo. Sie war Europameisterin, er wurde Europameister. Beim Bankett trafen sie sich. Natürlich war es verboten, über die allernötigsten Kontakte hinauszugehen, besonders zu Westgermanen. Wer sich das Geringste zuschulden kommen ließ, flog aus dem NSW-Kader. Trotzdem.

Am Ausgang wartete Gitti auf ihn, er schob sein Rad neben ihr her. Von der Disko war wieder die Rede und von ihrem Bruder, sie fragte, ob er schon mal in dessen Zimmer gewesen sei. »Wirst staunen.«

Er ging mit hinauf, die Eltern saßen in der Küche, der Fernseher lief. Er wußte, daß Gitti kein eigenes Zimmer hatte, sie schlief im Wohnzimmer, das meiste spielte sich bei denen sowieso in der Küche ab. Die Wand über Gummis Bett war mit Zigarettenschachteln vollgepinnt, alle aus dem Westen, dicht an dicht, Stangenkartons dazwischen, hundert oder mehr, blitzbunt, und Sven malte sich den Krach aus, wenn er seine Bude so dekorieren würde. Wo hatte Gummi das alles her? Sie lehnte sich an ihn, und erst nach einem Kuß von ein paar Minuten antwortete sie. Manches stammte aus Paketen von einer Tante, anderes hatte er in seiner Klasse abgesahnt oder gegen Matchbox-Autos getauscht.

Er konnte schließlich nicht ewig bleiben. Wahrscheinlich würden sie, wenn er weg war, ihre Glotze sofort auf Westen leiern. Die einen bekamen Westpakete, die anderen schützten sie vorm Klassenfeind, der die Pakete schickte. Klang komisch.

Die Stadt lag wie ausgestorben, dabei war es noch nicht neun und ganz hell. Manchmal trat er bis hinauf vor die Offiziersblocks, jetzt schob er sein Rad. Der Tag war lang genug gewesen. Corinna Dampezzo. Er konnte die Mäuschen immer nur *sehen,* beim Abschlußbankett blieb er mit seinen Kumpeln getrennt von den Westlern. Auf seinem Tisch stand das Fähnchen mit Zirkel und Ährenkranz, und wenn im Leitungskomitee genug eigene Leute mitmischten, hatten sie den nächsten Tisch für Finnen oder Japaner reserviert. Trotzdem. Mit aller Kraft. Er und nicht Benno.

9. Etwa ausspannbar?

Der Genosse von der Kontrollkommission trug so dicke Brillengläser, daß seine Pupillen groß zu sein schienen wie Groschenmünzen. Ehe er sich setzte, tastete er mit steifen Fingern nach der Stuhllehne, dann ließ er sich fallen, was auf lädierte Knie schließen ließ. Er zog die Lippen von den falschen, dennoch gelben Zähnen, was ein Lächeln, aber auch ein Zeichen von Erschöpfung sein mochte. Sie mußte denken: Blinder Seher, Mythengestalt aus dem griechischen Altertum, an eine Säule gelehnt, Efeu um Waden und Stirn, der, geblendet mit rotglühender Klinge, in eine jeweilige Zukunft starrte. Der Blinde Seher der Kontrollkommission wußte ohne Zweifel haargenau, was bei dieser Unterredung, die er am Telefon als Abschlußgespräch über »die unselige Geschichte da« bezeichnet hatte, herauskommen sollte und würde. Davon war auch Jürgen überzeugt gewesen: Das haben die längst ausgekaspert! In einer halben Stunde war sie schlauer.

»Also, Genossin Hippel, ehem, was war nun genau los an diesem Wahltag.«

»Das hab ich schon hundertmal runtergebetet. Wir sitzen so rum, nachmittags gegen drei. Mit der Wahlbeteiligung liegen wir bei fünfundachtzig Prozent. Und weil wir kaum zu tun haben, weil also niemand kommt, gehe ich in die Wahlkabine, um mir die Lippen nachzuziehen.«

»Warum gerade dorthin?«

Sie wollte einwerfen: Genau *das* fragen sie alle. »Normalerweise wäre ich auf die Toilette gegangen, aber dort stank es entsetzlich.« Es war wohl nicht nötig, daß sie einem Mann, und wenn er zehnmal blind war, auf die *Nase* band – endlich stimmte das mal, auch »unter die *Nase* reiben« wäre nicht schlecht gewesen –, gestand, wie sich nach jedem Einsatz auf der Leipziger Osttribüne bei sechstausend Frauen die Blasen füllten, auch wenn sie vorher noch so wenig getrunken und etliche Flüssigkeit ausgeschwitzt hatten. Beim Sitzen war es ihnen nicht weiter bewußt geworden. Aber beim Aufstehen! Den Damm hinauf zu den Toiletten oder runter in die Katakomben, oben waren sechs und unten vielleicht zehn Kabinen, da hatten sich sofort Schlangen gebildet. Sechstausend! Die Beine über Kreuz, waren sie Schrittchen für Schrittchen gewatschelt, glasigen Auges. Dort stank es immer, aber allmählich kam eine brennende Note hinzu. Da sickerte ein Tröpfchen hier und dort heraus, sammelte sich im Slip, suchte sein Wegchen. Einmal hatte sie sich vorgestellt, alle Frauen rissen sich das Klamottchen herunter, hockten sich hin und ließen strömen nach Herzenslust, nach Blasenlust. Diese wutentbrannte Vorstellung: Unten käme Ulbricht des Wegs und stünde plötzlich bis über die Knöchel in der Säure. Jemand meldete: »Genosse Ulbricht, sechstausend Aktivistinnen der Osttribüne bringen dem Genossen Ersten Sekretär ein Opfer!« Und Ulbricht hätte gerufen: »Ruhm und Ehre, Bürgerinnen!« Da mußte sie schon zornerfüllt bis zur Weißglut gewesen sein und am Ende aller Kraft, da war auch bei ihr ein Tropfen und noch einer wärmend hinuntergeglitten. Wie das dauert! Sie hatten gewußt, die größte Gefahr bestand beim Heben des Rocks, Runterziehen des Höschens und Hinhocken. Da riß vielleicht ein Zucken den Körper aus aller Beherrschung.

»Also, du bist in die Wahlkabine gegangen, Genossin.«

»Ich sehe ja ein, daß das falsch war, objektiv. Plötzlich zieht einer die Tür auf und ruft: ›Ach, die Genossin Hippel hat gerade gewählt!‹«

»Wörtlich?«

»Dabei hatte ich morgens *vor zehn* gewählt. Ich glaub, ich hab 'nen roten Kopp gekriegt.«

Der Seher klopfte mit gestreckten Fingern auf die Tischplatte, als bediene er eine Blindenschreibmaschine. Sie überlegte, ob sie den Wähler, Friedhelm Kupper hieß er, als *Element* bezeichnen sollte. Parteilos, früher beim Getränkehandel, jetzt Invalidenrentner. Den konnten sie noch nicht mal vor eine Betriebsgewerkschaftsleitung zitieren; sie hatte sich aus den Wahlunterlagen kundig gemacht.

»Und weiter, Genossin?« Das klang, als wüßte er alles, und das stimmte ja sicherlich auch.

Sie dachte: Jetzt erzähle ich das Zeug zum allerletzten Mal. Noch mal, und ich krieg 'nen Schreikrampf! »Also der brüllt diesen irren Satz. Ich raus und der rein. Meine Wahlkommission guckt verdattert. Der Kerl hat wahrscheinlich alle Namen auf dem Zettel einzeln durchgestrichen, nicht bloß einmal durchgekreuzt. Das dauerte. Inzwischen wartete seine Frau draußen, stand sozusagen Schlange.«

»Einzelschlange.«

Ein Scherz des Blinden? Aber seinen Augen war nichts anzusehen, und die Lippen zuckten nicht.

»Sozusagen. Da kommen zwei Ehepaare ins Wahllokal, nehmen ihre Zettel, sehen die Frau und denken sicherlich: Da wartet 'ne kleine Schlange, und schon stellen sie sich an. Kurz und gut, hinterher wurde behauptet, *deshalb* hätten wir ein paar Neinstimmen mehr als üblich gehabt. Und na*tür*lich hängt immer jemand sowas an die große Glocke...« Besser nicht weiter, sonst heißt es noch, ich wollte die Verantwortung abschieben. »Ich sehe meinen Fehler ein.«

»Prima.« Knotige Finger vollführten einen Tanz. »Ich bin nicht die Kommission, ehem, aber ich denke, wir können die Sache auf sich beruhen lassen. Eigentlich sollte sich eine Genossin damit befassen, aber die hat Schwangerschaftsurlaub. Jeder Teufel stinkt«, fuhr er fort; das fand sie ein wenig rätselhaft. »Aufforderung zu erhöhter Wachsamkeit. Ich weiß, daß du mich begreifst. Das höre ich stärker aus dem Tonfall als aus deinen Worten heraus. Die Partei* straft, ehem, ja nicht durch eines seiner Organe. An der Partei liegt es, den Genossen zu beweisen, daß sie schwach sind, nichts als gutartige Kinder, daß aber Kinderglück süßer ist als jedes andere. Die Genossen schauen zur Partei auf, drängen sich an sie wie Küken an die Glucke. Sie fürchten die Partei und sind gleichzeitig stolz, daß diese so mächtig und klug ist. Und immer recht hat. Die Genossen zittern vorm Zorn der Partei, ihr Verstand muß kapitulieren, in ihren Augen lauern und lagern Tränen. Doch genau so leicht werden diese Augen auf einen Wink hin zum Lachen, zur hellen Freude über-

---

* Die Partei – vgl.: Dostojewski, »Die Brüder Karamasow«, Berlin/Weimar 1986, Bd. 1, S. 406

gehen. Die Partei zwingt zum Arbeiten, das lesen wir bei Engels, doch für die Mußestunden richtet sie das Leben ein mit Liedern und Tanz, Sport und Bunten Abenden. Die Partei erlaubt sogar den Fehler und verzeiht ihn, weil er mit Duldung der Partei geschieht. So wirkt das innere Wesen einer Kontrollkommission. Ein Gedanken, den ich selten ausbreite, denn ihn verstehn nur wenige.«

Irgendwann, bald, würde das zu Ende sein. Nur klang es so feierlich, daß sie unmöglich abblocken konnte: Alles klar, Genosse.

Eine Viertelstunde später stand sie auf der Straße, Norrmann wartete in seinem Lkw zwei Ecken weiter. Sofort fragte er: »Und?«

»Aus und vorbei.« Er ließ den Motor an und fuhr sachte los; er hörte zu ohne zu unterbrechen. »Hast du alles glänzend hingekriegt. Gönnen wir uns ein Stündchen in dem Café wie neulich? Wenn du mit zu mir kämst, würde es knapp.«

»Ich wäre auch nicht in der Stimmung.«

»Klar. Das mit der Partei – ein bißchen spinnt er, was?«

War es ausgemacht, daß sie irgendwann mit zu ihm ging, oder hatte sie es nur nicht ausgeschlossen? Wenigstens einer, der zur Sache kam. Es wäre bestimmt schön... Wahrscheinlich hatte sie dazu genickt.

Sie setzten sich über Eck und drückten die Knie aneinander. Das tat wohl, es wirkte mehr über die Seele. Die Kellnerin war an die sechzig und bewegte sich mühselig auf umwickelten Beinen, bei jedem Schritt schlurften ihre Sandalen auf den Dielen. Sie bestellten Kaffee und für Marion einen Korn, den brauchte sie jetzt. Männer in Arbeitsklamotten tranken Bier, ihre Blicke waren abschätzig bis gemein. Marion Hippel fühlte sich durchschaut: Die dachten, da treffen sich zwei während der Arbeitszeit, glücklich sind beide nicht, müssen jeder in ein anderes Zuhause, fürchten, daß jemand sie kennt und die Sache weitertratscht. »Kennt dich hier jemand?«

»Ich denke, nein.«

Sie nippte am Korn, er war ihr zuwider. Norrmann redete, ihn hätten sie immer mal für die Partei werben wollen, aber stets, wenn es halbwegs ernst geworden war, hatten sie ihn versetzt. Sie war drauf und dran zu erwidern, *einer*seits könne er darüber sogar froh sein.

»Für heute hab ich keinen Schein, daß ich ins Sperrgebiet darf. Muß dich an den Bus bringen. Übrigens: Nächste Woche bekomm ich neue Küchenmöbel.«

»So?« In der Küche würden sie wohl nicht bleiben.

»Hast du von der Weiterbildung gehört, die im Herbst losgehen soll?« Sechs Nachmittage Schulung über neue Geräte, dabei eine Exkursion nach Erfurt. »Da hätten wir ein paar hübsche Gelegenheiten.«

Sie nickte schwach. Notfalls könnte sie den Korn in den Kaffee schütten, der vertrug einiges. Einer am übernächsten Tisch blickte immerzu herüber; seine Augen und sein Mund wirkten neugierig und fröhlich, da amüsierte sich ein Schlüssellochgucker. Kein schlechter Typ übrigens. Besonders klug war Eugen Norrmann sicherlich nicht. Warum gerate ich nicht einmal an einen wirklich Ge*bild*eten, der in Leningrad studiert hat, rumgekommen ist, an einen *Künst*ler mit hunderten Büchern im Schrank? Einmal, als sie in einer Ankerwicklerei mit zwanzig anderen Frauen gearbeitet hatte, waren sie sich einig gewesen: Bei einem Mann entschieden weder Alter noch Aussehen oder wie er im Bett war, wichtig war nur, daß er *Geld hatte.* Da kannst du zu Hause bleiben. Da kannst du nachmittags bummeln und hast sogar Zeit für einen lieben Freund fürs Herz. Du kannst deine Kinder rausputzen und hast ein Auto, und zu Weihnachten schenkt er dir 'nen Nerz. Das war natürlich happig gewesen, und sie hatten gebrüllt vor Lachen.

»Wäre doch nicht schlecht.«

»Was?«

»Wenn du diese Weiterbildung mitmachen würdest.«

Jetzt könnte sie von ihren Plänen in Zella berichten – besser nicht. So bestand wenigstens Gewißheit, daß innerhalb der HO nichts rumgetratscht würde. Beim zweiten Besuch in Zella hatte sie mit der Kaderleiterin die wichtigsten Punkte abgesteckt und nochmal wegen Bagdad hintergehakt. Wer diese Kuh vom Eis holte, konnte noch manchen Sprung machen. Das wäre was: Jürgen nach Plauen, sie schließlich nach Suhl, Erfurt. Leipzig?

»Du fragst mal nach der Weiterbildung?«

»Kann ich machen.« Und wenn Jürgen überraschend schnell zur Offiziersschule kam? Wäre schlecht, wenn Sven bis dahin nicht im Internat steckte.

Beim Hinausgehen streifte ihr Blick den Gaffer, fast schien es, als nicke er ihr verstohlen zu. Konnte man sie denn wirklich für ein Flittchen halten, ausspannbar? Hübsches Wort, direkt eine Schöpfung.

Im Bus überlegte sie: Warum Eugen? Weil seit drei Jahren kein anderer in Betracht gekommen war? Kam Norrmann in Frage, und *was hieß das?* Chefärzte oder Ingenieure mit Aufträgen in Kuba oder Künstler mit echten Teppichen würden ihr nie über den Weg laufen. Hier

nicht und in Plauen nicht. Norrmann und neue Küchenmöbel, geschieden, zwei Kinder, was blieb ihm schon übrig. Haare auf den Unterarmen wie ein Wolf, und wenigsten trug er neuerdings manchmal das Hemd am Hals
offen.

Daheim roch es nach Brathering, eine Schüssel mit
brauner Brühe stand auf dem Küchentisch, auf einem Teller lagen Gräten. »Ich sag das seit hundert Jahren: Weg
mit den Gräten, die Teller abgespült!«

»Setz dich erstmal.« Hippel trug seinen einzigen halbwegs schicken Pullover, den hatte sie ihm letztes Weihnachten im Ex* gekauft.

»Feiert ihr meinen Freispruch? Weg mit dem Zeug.«

»Wir haben alles stehen lassen, weil wir dachten ...«

»Ich ess' später.« Sie öffnete weit das Fenster.

»Tja«, sagte Hippel, »Sven, erzähl mal.«

Also, es hätte doch diese wissenschaftliche Maßnahme
gegeben, daß Linkshänder von rechts und Rechtshänder
von links sprangen. »Das gilt nicht mehr.« Irgendwo hätten sie das neu untersucht, darüber gäbe es sogar eine
Doktorarbeit. »Der Trainer hat mich beiseite genommen,
das würde auch bei uns durchgesetzt. Also bin ich nicht
mehr der einzige für diese Position. Verstehst du, Mutti?«

»Was gibt's da weiter zu verstehen?«

»Benno zum Beispiel.«

»Nicht unterkriegen lassen«, tönte Hippel. »Ich muß
auch immer mal zurückstecken. Wollte eine Übung vorschlagen, bei der das Traditionsbanner geklaut wird. Vor

---

* Ex – »Exquisit«, Geschäft mit besserem Angebot, auch mit Westwaren
zu hohen Ostmarkpreisen

ein paar Jahren wäre das erstklassig gewesen, jetzt aber nicht.«

»Jürgen, das ist schließlich nicht einfach für Sven! Du kannst doch nicht so tun...«

»Wer *tut* denn? Ich will den Problemen ins Gesicht sehen.«

»Aber wo Sven doch jetzt ins Internat *will*!« Vielleicht spielten noch ganz andere Dinge hinein, ihre Parteigeschichte sicherlich nicht, und wenn, dann müßte sie nachhaken. »Sven, kannst du mal bei deinem Trainer vortasten, ob er...« Und wenn, wurde das in der dortigen Parteileitung entschieden.

»Kadermäßig ist bei Sven alles in Ordnung. Ich hab mit meinem Kommandeur über Plauen geredet. Noch mal auf Schule, der Schraube noch eine Drehung geben, die letzte. Meinte der Oberst auch, das wäre Fakt. Genau so ein Vertrauensverhältnis mußt du aufbauen, Sven. Mutti hat das beim Kreis. Vielleicht meldest du dich als Offiziersbewerber? Mal andenken, als Perspektive.« Er hob sein Glas: Jetzt wollten sie alle drei anstoßen, daß es mit Sven glattging!

»Da ist nochwas, Papa. Bloß die im A-Kader kriegen die rosa Pillen. Das sagen alle: Mit denen nimmt die Kraft wahnsinnig zu. Benno im A-Kader, Benno mit den rosa Dingern: Dann hätte ich überhaupt keine Chance.«

»Mann, mußt ihn eben vorher abfangen!«

Marion: »Auf den Schreck sollten wir was unternehmen. Jetzt ist es sieben, Jürchn, du holst das Auto, wir fahren nach Meiningen oder ein Stück den Thüringer Wald hoch. In zwei Stunden sind wir oben.«

»Also um neun? Aber ab zehn schieb ich Bereitschaft.«

»Wenn ich schon mal 'ne Idee hab.«

»Ooooch, Marion!« Hippel zog eine Schnute wie ein Sechsjähriger, der kein Eis bekommt. Sie dachte: tapfere kleine Soldatenfrau. Der Gedanke durfte nicht überhandnehmen, der nicht.

10. Zukünftig arschwarm

Der Politoffizier aus Berlin, ein Oberstleutnant mit straff-
sitzendem Koppel, der breitbeinig wippte, lächelnd fragte
und mit schlanken Fingern auf Karten und Diagramme
wies, der sich in Witzchen versuchte, die miserabel anka-
men und das Thema verwässerten, wurde Hippel immer
unsympathischer. So waren sie, die Wanderprediger, die
für ein paar Stunden vorne aufkreuzten, das große Maul
schwangen und weiterflatterten, während den Frontge-
nossen der Dreck blieb. Aus dem Augenwinkel beobachtete Hippel, daß Kupferblech Kringel und Kreise malte.
Sie hatten an die dreißig Soldaten vor sich; manchmal
sackte ein Kopf nach vorn und wurde wieder hochgeris-
sen. Poschinski, einer der Kenner von Autonummern der
BRD, schrieb mit. Sein Kumpan, wie hieß er gleich, war
seit einer Woche auf Lehrgang. Pfiffige Maßnahme.

Über die moderne Grenze referierte der Oberstleutnant. Die Ära der Selbstschußapparate SM 70, an jedem
vierten Pfahl in unterschiedlicher Höhe an der inneren
Seite des Metallgitterzauns installiert, ging ihrem Ende
entgegen. Auf einer Länge der Staatsgrenze West von
1 083 Kilometern sei fast ein Viertel damit ausgerüstet
und eine Zunahme nicht vorgesehen. Die Lichtsperren
von inzwischen 212 Kilometern stellten die nächste Gene-
ration dar. Spanndrähte, Signaldrähte, optische Fallen.
Wieviel Sprengstoff enthielt ein Selbstschußapparat?
Hundert Gramm, die knapp hundert scharfkantige Eisen-
stücke trichterförmig abfeuerten. Wirkung bis zu 25 Metern wie eine Splittermine. Gleichzeitig wurden optische

und akustische Signale ausgelöst, sodaß sofort festgestellt werden konnte, an welcher Stelle die Schweinerei passierte. Dann raus und hin! Der Jahresbefehl 101 klang eindeutig: Die Grenzsoldaten sollten die Waffen unter allen Umständen treffsicher anwenden und die Ziele mit dem ersten Feuerstoß vernichten. Was hieß: Unter allen Umständen?

Nebel, antwortete einer, Regen, Dunkelheit ein anderer. »Wer getroffen wird, hat sich das selber zuzuschreiben. Jeder weiß, auf was er sich einläßt! Wer sich draußen an einen Eisenbahnzug hängt, weiß das auch. Oder ein Geisterfahrer auf der Autobahn.« In den imperialistischen USA sei es Mode zu probieren, ob einer nachts bei Höchstgeschwindigkeit in Gegenrichtung von einer Auffahrt zur anderen durchkam. Da wurden direkt Wetten abgeschlossen. Schauderhaft!

Vor Jahren hatte Hippel erlebt, wie bei diesem Thema Mitleid aufgekommen war, Zögern. Derlei wurde heute im Vorfeld ausgeräumt; wer so wenig klassenmäßig dachte, stand nicht mit der Maschinenpistole an der Front. Der Oberstleutnant zitierte aus einer Grußadresse: »Der IX. Parteitag stellt die verantwortungsvolle Aufgabe, unter allen Bedingungen eine hohe Gefechtsbereitschaft zum Schutz des Sozialismus und des Friedens sowie zur Gewährleistung der territorialen Integrität und der Unverletzbarkeit der Staatsgrenzen zu sichern. Der kraftvolle Vormarsch des Sozialismus, aber auch die unverminderte Aggressivität des Imperialismus, seine forcierte Aufrüstung sowie die hartnäckigen Versuche, den Entspannungsprozeß zu hintertreiben, erhöhen die Verantwortung.«

Und nun die Grenze ums Jahr zweitausend! Da eile der Genosse Grenzsoldat nicht mehr mit der Kalaschnikow durch Regen und Wind, da rolle er auch nicht im gepflegten Trabant-Kübel auf betoniertem Pfad, sondern beobachte in seinem Bunker den Bildschirm wie in einem Raumfahrtzentrum, arschwarm. Zurückgelehnt erfreue er sich an Hase und Reh, in dem Augenblick aber, in dem sich ein Grenzbrecher nähere, breche elektronischer Zauber los!

Hippel sah auf dreißig Hinterköpfe über mageren Hälsen und Nackenpickeln. Nur zwei hätte er sich zum Friseur gewünscht. Das war ihm noch nie aufgefallen: Soldatenhinterköpfe waren von öder Langweiligkeit. Mal ein Wirbel, höchstens. Und die Ohren. Von den Seiten mochten sie ja noch unterschiedlich sein, charaktervoll oder feingliedrig, plump, von hinten wirkten sie nur mehr oder weniger abstehend. Die Grenze schützt den Frieden, sowieso. Ordnung ist das halbe... An den Grenzen der BRD wurden jährlich Zehntausende zurückgewiesen. Die Schweizer hatten im Krieg sogar flüchtende Juden, mußte man sich mal vorstellen... Der Zaun zwischen den USA und Mexiko fordert...

»Der Grenzsoldat wird zum hochspezialisierten Fachmann an elektronischer Apparatur von Weltniveau. Keine Fragen mehr?« Es blieben nur noch zwei Minuten, der Vortrag war exakt berechnet, das erkannte Hippel an.

»Wunderbare Perspektive«, urteilte Kupferblech. »Da bekommt ja unsereiner glatt Lust, sich nochmal auf fünfundzwanzig Jahre zu verpflichten. Bist du jetzt auch zum Chef bestellt?«

Während Hippel den Gang entlang und die Treppe hinunterging, sah er, daß auf dem Hof zwei »Lada« mit NVA-Kennzeichen parkten. Sofort wurde der alte Argwohn wach, ob nicht wiedermal ein Versuch gefahren würde, die alte Vorherrschaft zu ergaunern, die immer wieder hochgetrickst worden war, ehe ein Beschluß die Grenztruppen als selbständig erklärt hatte. Die Genossen von der NVA als die unheimlichen Wisser, informiert über die Strategien des Warschauer Paktes, die Grenzer als Grabenschweinchen, denen schon mal der Stahlhelm über die Triefaugen rutschen konnte.

»Was hab ich dir gesagt?« Da wartete Paulsen mit drei NVA-Offizieren vor der Tür des Oberst. Einer war General, Donnerschock. Hippel knallte die Hacken zusammen wie lange nicht. Der General war mindestens einsneunzig, kurzer Hals über vorspringender Brust, die Schultern hängend, das Koppel in Haken an der Hüfte, als sollte es den Bauch nicht belasten. Vielleicht nicht ganz gesund, blaß mit geröteten Augen. Daneben der Adjutant mit dem Aktenkoffer. Kupferblech murmelte an der Seite von Paulsen: Besuch im Feldquartier auf hartem Stein, frischen Männerschweiß riechen, wie löblich! Paulsen feixte, schlängelte sich am General vorbei und klopfte an der Tür des Kommandeurs; der Oberst öffnete sofort, als hätte er sprungbereit dahinter gewartet. Hände berührten den Mützenschirm, alles geschah mit dem antrainierten Dreiviertelernst, den zu einem Viertel Lust ergänzte. »Willkommen an der Grenze!« Der Oberst wies auf den Konferenztisch, Hippel registrierte Kaffeekannen, Tassen, Flaschen mit Club-Cola und Teller mit belegten Brötchen. »War die Fahrt gut?«

Auf der Autobahn bei Erfurt wären zwei Dutzend Kampfhubschrauber der Freunde über sie hinweggedröhnt, raketenbestückt, das hätte als Einstimmung hervorragend gewirkt.

Der Adjutant breitete eine Karte aus. Durch diesen Abschnitt habe früher eine Straße geführt. Jenseits der Grenze knicke sie hinter Hermannsroda ab und sei bis Drieschengrün neugebaut worden. »Das möchten wir uns einmal anschauen.«

»In unserem Sprachgebrauch sind das die Dörfer römisch drei und vier.« Der Oberst schlug vor, Kampfjacken überzuziehen, auch Offiziersmützen wirkten direkt an der Grenze nicht gut. »Vielleicht gibt's dann Alarm gleich bis München! Am besten gehen wir als Arbeitstrupp eingekleidet. Heute vormittag sind neun Genossen beim Mähen und Gebüschverschneiden vorn. Ein Genossenschaftsbauer wendet Heu; ein Traktor, zwei Begleiter. Drei Doppelstreifen.«

»Ich soll in einer Stunde raus an die Lichtsperre«, ergänzte Kupferblech.

»Liegt weiter rechts. Genosse Hippel, Sie begleiten die Genossen Gäste. Nur Sie in Uniform. Keine Bewaffnung außer Pistole.« Wann sie zurück sein könnten, fragte der Oberst noch. Die Küche sei unterbesetzt, es wäre gut, könnte er ein bißchen planen. Rouladen mit echten thüringischen Klößen?

Schmunzeln, Zustimmung, Aufbruch. In der Kammer ging alles schnell, Paulsen schulterte die leichteste Schaufel. Hippel ging mit dem General voran, der beim ersten Anstieg ins Schnaufen kam. Diese Luft hier! Dagegen Berlin Hauptstadt der DDR mit dem stetig stärker werdenden Autoverkehr! »Sie wissen gar nicht, wie gut Sie's haben!«

Hippel hätte gern auf seine Pläne hingewiesen, die Genossen Grenzsoldaten auf die Schönheiten Thüringens hinzulenken, auf alles, was es zu schützen galt. Noch immer hatte er nicht ausprobiert, ob sich das Rennsteiglied fürs Marschieren eignete und ob es die Genossen spontan, was nur in der Überzeugung wurzeln konnte, bei einem Übungsmarsch anstimmen würden. Die Routine fraß zu viel Zeit.

»Kann uns jemand von drüben sehen?«

»Hinter der Höhe dort. Wir sollten zwischen den Büschen bleiben.« An einer Wiese kamen sie entlang, einer der wenigen so weit vorn genutzten Flächen. Am Rand wuchs Mohn in verschwenderischer Fülle, Bienen tauchten in die Kelche und taumelten blütenstaubgeschwärzt heraus; Westbienen oder Ostbienen, das wäre, so der General launig, für ihn die Frage! Ein Eichelhäherpärchen strich schimpfend ab, blau war der Himmel mit Streifenwolken ganz hoch oben. Cirrus irgendwas – seit wann war der General nicht mehr in der Lage, daraus eine Wetterprognose abzuleiten? Früher einmal hatte sowas zum Wissensschatz eines jeden Jungen gehört! »Genosse, wie ich das genieße!«

Allmählich näherten sie sich der Lücke, die vielleicht mit einem Birkenstreifen verriegelt werden könnte – war das Hippels Idee gewesen oder die des Oberst? Rechts schlösse sich die moderne Lichtsperre an, die Hauptmann Kupferblech eben erwähnt hätte. Auf zwei Kilometer waren Scheinwerfer montiert, die mit Stolperdrähten verbunden waren und bei jeder Berührung aufflammten, die Ablösung der Minen und Selbstschußanlagen, gegen die in der BRD immer wieder gehetzt würde. Könnte man sie abschalten? Natürlich, in einer Senke läge ein provisorischer Befehlsbunker. Später würde alles von einer Zentrale weiter hinten aus gesteuert. Beinahe hätte Hippel fröhlich hinzugefügt: arschwarm.

Wie weit es zu diesem Bunker sei, fragte der General, und Hippel schätzte: Kaum mehr als vierhundert Meter. Das wäre allerdings knapp. Anfangs Schleichfahrt, kurzes Aufschließen. Hippel verstand nichts.

»Hier ist die vordere Linie der Bereitstellung. Aber dann Karacho!« Ob in den Zaun Lücken geschnitten werden sollten oder ob der »auf die Hörner genommen« würde – beides schien möglich. Volle Pulle, links am Dorf vorbei. »Halali!« rief der General, »wir tanken bei Aral!« Männerlachen. Den Rest würde man nach dem Mittagessen klären. Rückzug, Genossen!

Die Zusammenhänge wurden am Nachmittag klar. Da standen die Genossen der NVA und ein halbes Dutzend Grenzoffiziere um den Kartentisch; ein NVA-Oberst erläuterte die Große Lage. Es war der Tag X plus drei. Im Morgengrauen des Tages X waren die Panzergardedivisionen der Sowjetarmee, einer Aggression der Imperialisten zuvorkommend, aus ihren Bereitstellungsräumen gestürmt und hatten tiefe Einbrüche erzielt. Sie kämpften bereits vor Würzburg und Hanau. Ein anderer Keil hatte über Fulda hinaus die gegnerische Front aufgerissen. Hier, an dieser Nahtstelle zwischen den Blöcken, war es ruhig geblieben, nun stieß die Nationale Volksarmee vor. Ab 24 Uhr rollte ein Panzerregiment durch die Stadt, Stoßstange an Stoßstange sozusagen, fächerte in drei

Säulen auf und schob sich bis auf einen Kilometer an die Grenze heran. »Das, Genossen, wird das Ziel einer Stabsübung sein.«

Hippel schaute Kupferblech an, der nickte, als sei ihm alles sonnenklar. Aber: Was hieß hier Stabsübung. Wie weit würde das Manöver realistisch und in welchem Maße simuliert sein? Vielleicht sollten bloß ein paar Pkw auffahren. Aber wenn er sich vorstellte, Panzer bei Dunkelheit durch die engen Straßen zu bugsieren. Was hatte es '68 für Unfälle gegeben, als die Freunde übers Erzgebirge nach Böhmen hinuntergestoßen waren! Hinterher hatte Hippels Kompanie von Olbernhau aus die in die Gräben gerutschten Fahrzeuge herausgeschleppt, war eine gute Übung gewesen; kam sonst nicht vor, hätte viel zu viel gekostet.

»Wenn die Übung möglichst praxisnah abgehalten werden soll, erfolgt die Nachricht zwanzig Uhr. Vier Stunden später rollen die Panzer. Sechs Minuten vor dem Sturm wird die Lichtsperre ausgeschaltet, der Angriff beginnt. Genossen«, so der General heiter, »dann setzt's den Bayern eins auf die Lederhosen!«

Ob, fragte Kupferblech, von der Stunde X an Aufklärung betrieben werden sollte, vielleicht durch probierende Vorstöße bis in eine Tiefe von zwei Kilometern etwa auf die Höhe westlich von Dorf III?

»Gute Frage«, lobte der General, und Hippel ärgerte sich. Warum war Kupferblech immer schneller? Aber genau so gut hätte es heißen können: Genosse, unser Vorstoß muß *ab*solut überraschend einsetzen! Keine Extrawippchen! Kupferblech hatte eben immer Schwein.

»Wird operativ entschieden. Unklarheiten? Keine? Wunderbar!«

Ob er die Genossen Gäste zu einem Umtrunk bitten dürfe, fragte sanft der Oberst.

»Kein Widerspruch!« So schmunzelten Sieger.

Gehacktesbrötchen, Käsebrötchen, Bier aus Wernesgrün – Hippel war gespannt, wie's weitergehen würde. Bei Empfängen der Freunde fing alles genau so an, nur bestimmten die Politniks* das Tempo, nie der höchste Dienstgrad. Der General kaute gemächlich, lachte, trank, rauchte. Der Oberst winkte der Ordonnanz und zwinkerte, das war das Signal, ein Tablett mit kleinen Gläsern hereinzutragen, gefüllt mit glasklarer Flüssigkeit, Wodka Moskowskaja, diesem weichen, wundervoll gefährlichen Gesöff, bei dem einer erst nach einem Weilchen die Wirkung merkte, diesem einschmeichelnden Wirkstoff der sozialistischen Sonderklasse, geeignet, Freund und Feind unter den Tisch zu zwingen. Der General griff heiter zu. »Genossen, auf die sowjetischen Freunde, die dann schon über den Main vorstoßen: Auf unsere unverbrüchliche Waffenbrüderschaft!«

Beim zweiten Glas ergänzte der Oberst: »Genossen, ich trinke auf die Zusammenarbeit der Panzertruppen der Nationalen Volksarmee und unseren Grenzschützern! Lang lebe der Durchbruch!«

Kupferblech sagte leise zu Hippel, in einer halben Stunde beginne sein Dienst als OvD**. »Du bleibst?«

---

* Politniks – Politoffiziere
** OvD – Offizier vom Dienst

Beim dritten Trinkspruch, ausgebracht von Hauptmann Paulsen, überlegte Hippel: Wann ist die Reihe an mir? Auf die Lichtsperre? Die Freunde hatten an einem Sonntagmorgen Punkt fünf angegriffen, da waren die Kasernen der Feinde zu etwa sieben Prozent besetzt, die anderen pennten mehr oder weniger besoffen daheim oder in den Betten ihrer Freundinnen. Im Grunde war es beleidigend, wie wenig Amis und Bundis ihren Gegner ernstnahmen. Die Freunde brauchten nur Posten an Bahnhöfe und Autobahnkreuze zu stellen, um die verstörten Hammel aufzusammeln, die zu ihren Kasernen tappten. Wenn die NVA einige Tage später angriff, war dieser paradiesische Zustand natürlich vorbei, da krachte die Schwarte.

Der Oberst schlug an sein Glas. »Genossen! Ebenso wie der Regisseur eines Theaters führt der Kommandeur nicht nur, er ist auch ästhetisch von seiner Arbeit befriedigt. Auf die Schönheit unseres Berufs!«

Die nehmen mir, wenn mir nicht bald was einfällt, noch die besten Dinger weg, begriff Hippel. Aber der Höhepunkt des Abends war ja noch nicht gekommen.

»Jawoll«, bestätigte der General. »Gefechtsrausch is schön wie...« Er kippte entschlossen.

Paulsen ergänzte: »Wie Maxim Gorki formuliert hat: Der Heldentod ist schön, denn er bejaht und rühmt das Leben angesichts des Todes.«

Hippel überlegte: Wann ist die Stimmung soweit, daß ich riskieren kann: arschwarm?

11.   Arbeiterfaust

Als Hippel in die Küche trat, starrten ihn Frau und Sohn an, als seien sie mit den Nerven am Ende. Er zog die Jacke aus und hängte sie sorgsam über die Stuhllehne. In seinen Bewegungsablauf war eingeschliffen, sich danach zu den Stiefeln zu bücken. Stattdessen stützte er die Ellbogen auf.

»Unser Sohn hat 'nen Tschechen verprügelt.«

»Na fein!«

Svens Auskünfte klangen luschig, die Sätze unvollständig. »Der hat mich elende provoziert, is nie aus dem Weg gegang, hat gefeixt und gebrüllt: Dschörmän! Ich bin um ihn rum und hab ganz ruhig gesagt: Ich hau dir gleich eins in die Fresse. Der hat hoho gemacht, da hab ich ihm eine gelangt, da erst.«

»Ohrfeige oder wie? Mit der Faust?« Das war nun wirklich ein Grund, zur Zigarette zu greifen, drei Kippen von Marion lagen schon im Aschbecher. Wenigstens keiner aus der SU*. »Hat er zurückgeschlagen?«

»Jürgen, ich hab schon alles aus Sven rausgequetscht. Die ganze Gruppe hat zugeguckt, bis endlich ein Trainer die beiden auseinandergerissen hat.«

Hippel fand Marions Stimme schrill, das drängte ihn wohltuend in die Rolle des Besonnenen. Er klopfte die Zigarette auf den Tisch, was er sonst nie tat.

»Immer Dubscheck, Dubscheck, und dieses Feixen dabei. Und die Trainer: Laßt euch nicht provozieren und so.«

---

* SU – Sowjetunion

»Dubschek, wieso?«

»Ein Trainer hat gesagt, das sei ein Verräter gewesen, darauf spielten die drei Arschlöcher an, und wir sollten einfach weghörn.«

»Kann keiner, soll keiner.« War das richtig?

»Ich habe Sven geraten«, jetzt klang Marions Stimme sachlicher, »sich zu entschuldigen, mit Selbstkritik. Gleich morgen zum Trainer oder besser zum Direktor: So und so, es war völlig irrsinnig. Sven, die schmeißen dich sonst raus!«

Hippel sah seinem Sohn an, daß der nicht so leicht auf diese Linie zu bringen sein würde. Stirn und Wangen waren gefleckt, die Unterlippe eingesogen, die Augen störrisch.

»Sven, das hilft alles nichts. Wenn du's auf die Spitze treibst, wenn du...«

»Das war achtundsechzig mit diesem Dubček.« Hippels Satz galt vor allem der Selbstverständigung. »Wegen dem sind wir in die ČSSR einmarschiert, da mußten wir die Samthandschuhe ausziehen.« Noch nie war ihm sein Sohn so wenig jungenhaft erschienen, so war er selber mit siebzehn gewesen, lieber mit dem Kopf durch die Wand als was einstecken. In der FDJ waren damals, '49, die ersten Luftgewehre aufgetaucht oder schon Kleinkaliberbüchsen, beinahe hätte er sich kurz darauf für den »Dienst für Deutschland«* gemeldet. Der war ja bald wieder eingesargt worden. Jeder Siebzehnjährige fand es klasse, wenn es hart auf hart ging. Nicht immer war

---

* »Dienst für Deutschland« – arbeitsdienstähnliche DDR-Organisation für kurze Zeit

Spanischer Bürgerkrieg, daß sich einer bewähren konnte. Das mußte die psychologische Linie sein, knallhart.

»Oder du entschuldigst dich schriftlich. Vati hilft dir, ich kann das natürlich auch, den Schrieb nimmst du mit und liest ihn vor. Besser, als wenn du rumstammelst.«

Hippel sah Sven an, daß dieser Vorschlag keinen Eindruck auf ihn machte. Gut so. Als windelweich empfand der Junge das, war es ja auch. Die Verbrecher um Dubček hätten damals um ein Haar einen dritten Weltkrieg angezettelt. Goldstücker, Smirnowski und diese Strolche. »Die Sache hat doch einen doppelten Boden, Marion.« Vielleicht mußte er am Küchentisch ein bißchen Parteilehrjahr spielen. Und womöglich brauchten die Genossen in Oberhof eine Korsettstange ins Kreuz. Als er siebzehn gewesen war, hatte der Aufstand der westdeutschen Arbeiterklasse auf der Tagesordnung gestanden, die Befreiung vom doppelten Joch. Bei der Werbung der KVP* war immer geraunt worden: Wir sind die künftige deutsche Rote Armee! Wenn er sich Sven in der jetzigen Wut in einer Situation wie damals vorstellte! »Was haben denn eure Trainer gegen die Provokationen unternommen?«

Sven bekam kaum die Lippen auseinander: »Nüscht.«

Die Klassenfrage, wer wen. »Ich war kaum älter als Sven, da wurde in Leipzig eine Handvoll Intellektueller frech, auch ein paar vom Kabarett dabei. Da ist eines Abends eine Kampfgruppe rein, alle in Zivil, mit ihren Frauen, unauffällig. Und als die auf der Bühne wieder so 'ne konterrevolutionäre Schote losließen, sind die Ge-

---

* KVP – Kasernierte Volkspolizei

nossen hoch. Schluß der Vorstellung. Oder einer erzählte, der Jazz sei die Musik unterdrückter amerikanischer Neger und nicht die des Klassenfeinds. Der kriegte Prügel, und der führende Genosse von der Bezirksleitung stellte hinterher fest: Die Platten des Genossen Rudorf wurden nicht beschädigt!«

»Jürgen, das waren andere Zeiten.«

»Jedesmal sind andere Zeiten.« Das gab es immer noch: Den Zorn und die Faust der Arbeiterklasse.

»Jürgen, hilfst du Sven, wenn er eine Entschuldigung schreibt?«

»Vielleicht fahre ich mit hoch. Wer hat sich eigentlich bei wem zu entschuldigen? *Wer hat* provoziert, und wer hat zurückgeschlagen? Klingt schon mal saftig: zurückgeschlagen.«

»Willst du denn Sven noch be*stär*ken? Stur nur einmal!«

Es war ein herrlicher Krach mit diesem Jazz-Prediger gewesen. Er hatte dem Assistenten eine gelangt, als der schon auf der Flucht gewesen war. Erst in Westberlin war der zum Verschnaufen gekommen.

»Daß ihr klar seht«, Marion Hippel begleitete jede Silbe mit einem Zucken des gestreckten Zeigefingers, »ich lasse mich durch eure dämliche Dickköpfigkeit nicht beeindrucken. Deine Vorgesetzten erfahren davon auf jeden Fall, Jürgen. Sie haben andere schon aus geringeren Anlässen aus der Armee geschmissen. Natürlich ist es nicht als Grund genannt worden. Aber wer seinen Sohn zum Schläger...«

»Mach's halblang, Marion. Freundschaft zu allen Bruderländern hat Grenzen, manchmal muß man jemandem, der Unsinn macht, eins auf die Finger geben.« Für die Debatte hier war es der Schlußpunkt. »Sven, du sagst, *ich* möchte deinen Direktor sprechen. Oder besser: Ich ruf ihn an. Ich *las*se anrufen: Ich verbinde mit Genossen Hauptmann Hippel.« Jetzt war es an der Zeit, die Stiefel auszuziehen.

*

Er trug diesmal alle Medaillen. An Armstrong und den Spinner Rudorf, Reginald, hatte er lange nicht mehr gedacht. Brocken für Brocken und Satz für Satz kroch das alles in sein Bewußtsein hinauf. In einer Parteiaktivsitzung war ihnen die Strategie erläutert worden. Übrigens war er selber damals nicht siebzehn gewesen, sondern zwanzig oder darüber. Auf ein Stichwort hin sollte der Zorn der Arbeiterklasse losbrechen: Wir schützen unser klassisches Erbe! Bach und Schubert!

Auf seinen Rat hin trug Sven das FDJ-Hemd. Offensichtlich hatte es seine Mutter aufgegeben, ihre weiche Linie zu verteidigen, sie hatte es gebügelt und stumm hingelegt. »Du läßt mich reden, Sven. Auch wenn sie dich fragen. Erst ganz zum Schluß sagst du ein paar kräftige Worte: Du läßt die Deutsche Demokratische Republik nicht in den Dreck ziehen. Wenn jemand den Sozialismus angreift, siehst du rot.«

Am Tisch ihnen gegenüber saßen der Direktor des Leistungszentrums und zwei Trainer, sie trugen Schlips und Jackett mit dem Parteiabzeichen. Der Direktor gab auch Sven die Hand. »Wir haben die Sache noch nicht nach Berlin gemeldet.«

»Ich wäre nicht unbedingt dagegen.« Hippel fand, damit gleich genügend sachliche Härte in die Debatte gebracht zu haben. »Haben Sie die drei Provokateure schon nach Hause geschickt?«

»Sven, wenn du uns noch einmal schilderst, was genau vorgefallen ist.«

»Ich nehme an, daß wir das alles wissen. Jetzt kommt es auf den klassenmäßigen Standpunkt an, Genossen, anders kann ich das nicht sehen. In diesem Kreis muß ich die Ereignisse von achtundsechzig nicht detailliert schildern, die Hilfe für die Genossen in Prag. Daß einer Dubček heißt, nutzen die drei zur fortgesetzten Provokation. Da soll meinem Sohn nicht der Kragen platzen?« Hippel schilderte, wie vor Jahren in Leipzig mit ähnlichem Spuk aufgeräumt worden war. »Ich war damals Metallarbeiter in 'nem Großbetrieb. Da wollte so ein Jüngelchen unter dem Deckmantel dekadenter Musik unsere Kulturpolitik unterwandern. Als er unseren Argumenten widersprach, ging mit uns spontan der Zorn durch. Genau wie jetzt bei Sven. Uns hat damals ein Genosse der Bezirksleitung ausdrücklich gelobt, heute ist er stellvertretender Minister, Siegfried Wagner, schon von dem gehört? Also kann es nicht ganz falsch gewesen sein, daß wir zurückgeschlagen haben, oder? In diesem Geist hab ich meinen Sohn erzogen.«

Es blieb still an der anderen Seite des Tisches. Nach einigem Räuspern wendete einer der Trainer ein, in jedem Fall sei tätliche Auseinandersetzung unter Sportlern verboten. Der Direktor schloß sich Hippel *insoweit* an, als er die brüderliche Aktion von 1968 als selbstverständliche internationalistische Hilfe bezeichnete, aber bei dieser Prügelei hier müsse man doch einen anderen Maßstab anlegen.

Da durfte Hippel nicht nachgeben, mußte vielmehr seinen Stimmeinsatz steigern. »Haben Sie die Provokationen an die Stellen in der ČSSR gemeldet, von der die drei geschickt worden sind? Ist das MfS informiert?« Das war der springende Punkt, der Knackpunkt, wie man neuerdings sagte.

»In einem haben Sie recht, Genosse Hauptmann, wir werden die drei zurückschicken. Heute noch, das heißt morgen. Danach werden wir das Ganze intern auswerten, mit allen Bobsportlern. Sven, du wirst dort erklären müssen, daß du dich hast *hinreißen* lassen. Um eine Entschuldigung kommst du nicht herum.«

»Ich kann mich ja entschuldigen, aber ich sage auch, daß ich das sofort wiedermachen würde.«

Zwar hatte Sven sich nicht an die Anweisung seines Vaters gehalten, nur ganz zuletzt zu sprechen, dennoch war Hippel begeistert. »Arbeiterzorn, Blut der Arbeiterklasse, solange das nicht erloschen ist, muß uns um unsere Sache nicht bange sein.«

Der Direktor schaute seine beiden Begleiter an. Einer murmelte etwas von Disziplin und Unterordnung, diesen Fall könne man womöglich aus den geschilderten Gründen gesondert bewerten, aber er müsse schon...

Hippel unterbrach. »Sie sollten uns einmal mit Ihren Schützlingen an der Grenze besuchen. Schön haben Sie's hier oben, aber wer garantiert das? Tag und Nacht...« Er machte eine Handbewegung, die als abschließend gedeutet werden konnte. Zivilisten gingen immer noch am ehesten in die Knie, wenn man ihnen militärisch kam.

Und er hatte auch keine Zeit, ewig hier herumzuhocken. »Genossen, mein Dienst wartet nicht. Ich nehme an, wir haben uns verstanden. Sven wird mich über das Weitere unterrichten.« Er stand auf, setzte die Mütze auf und legte die Hand an den Schirm. Händedruck hätte nur verwässert.

Draußen stupsten sie sich mit den Ellbogen an, dann platzte Sven heraus: »Hast du klasse gemacht.«

»Hab ich dir gleich gesagt.« Sven und seine Mutter, beide waren meist im Bündnis gegen ihn gewesen, gefühlsmäßig. Manchmal änderte etwas alles mit einem Schlag. »Die drei fliegen raus, du bleibst, das ist sicher.« Er legte den Arm um Svens Schulter, der stieß ihm die Faust gegen die Hüfte.

»Zu Mutti sagen wir lässig: Die hätten sich beinahe in die Hosen gemacht.«

»Sven, die merken sich das. Jetzt trainieren, trainieren! Die nächste Runde hat schon begonnen.«

»Superklar, Genosse Hauptmann!«

Sie wendeten sich einander zu. Sven hob die Fäuste vor die Brust und ließ sie vibrieren. Alle Anspannung löste sich in einem brüllenden Lachen, wobei er den Kopf in den Nacken preßte und schrie wie ein Sieger, der Eroberer einer Goldmedaille, ein Weltmeister.

12. ...nicht überall sein.

Das war nun glatt neun Jahre her, daß sie zuletzt in ihrem erlernten Beruf gearbeitet hatte. Unterdessen waren andere Bezeichnungen und Registriermethoden üblich geworden, vom technischen Fortschritt ganz zu schweigen. Aber es machte Spaß, sich in ein Lager dieser Größe einzuklinken, einzu*fühlen*. Dieses Wort war keineswegs zu weit hergeholt. Jede Drahtspule und alle Unterlegscheiben konnte sowieso niemand im Kopf behalten, nicht seine Bezugsmöglichkeit oder Seltenheit. Gespür für das Lager nutzte nichts ohne Kenntnis des Betriebs auf allen Ebenen und bis ins Kombinat hinauf. Es kam auf den Instinkt an, wie die einzelnen Posten, Kosten und vor allem Menschen miteinander zu verquicken, wie sie in Kontakte einzubeziehen waren. Spannungen konnten nicht ausbleiben, und das Größte wäre, selbst aus ihnen Nutzen zu filtern. Wahrscheinlich würde sie ein Jährchen brauchen, bis sie alle Nuancen beherrschte.

Die Alvensbach saß an ihrem Tisch hinter dem Eingang und wimmelte ab, darin sah sie offensichtlich ihre Hauptaufgabe. Ehe sie aufstand und zwischen die Regale watschelte, mußte schon allerhand Druck gemacht, gebettelt oder gedroht werden. Wer nichts Schriftliches vorweisen konnte, besaß überhaupt keine Chance. Wer im Ungefähren blieb, weder Kennziffern noch Lieferbetrieb nannte, durfte dazulernen. Die Antwort, genau so gut wie das Gewünschte könnte man ja *etwas anderes* verwenden, fiel etwa einmal im Jahr. Diese Frau war nicht mehr zu ändern, man konnte sich die Kader nicht nach Rezept backen.

Welchen Buchungswert besaßen sechs Tonnen Travertin? Wie mußte beim Exportgeschäft Schlachtkombinat Bagdad die DDR-Norm TGL zur BRD-Norm DIN oder zu RAL und VDE in Verbindung gesetzt werden? Tägliche Schlachtleistung 550 Rinder und Kamele und 5500 Schafe und Ziegen. Ein Kamel wog 600 Kilo, eine Kuh 250, ein Büffel 500, ein großes Schaf 40, ein kleines 25 und eine Ziege 20 Kilo. Die Höchsttemperatur betrug da unten 49 Grad Celsius, die Luftfeuchtigkeit bis zu 70 Prozent. Wen vom ASCOBLOC-Anlagenbau in Dresden mußte sie kennenlernen? Und wer fuhr runter zu Montage und Probeläufen? Sie nicht. Im Verzicht auf eine Auslandsreise zeigte sich die Trennungslinie zwischen einer Karrieristin und einer *echten* Genossin, die das klaglos hinnahm. Da sie unmöglich dahin *konn*te, *woll*te sie es auch nicht. Ende der Durchsage.

Also zuerst nach Dresden oder zu dieser PGH in Bräunersbach, Bezirk Gera? Der Vorsitzende dort hieß Giefertfelder. Mit ihm hatte sie telefoniert, das Ergebnis war niederschmetternd gewesen.

Trüb der Tag. Im Bus zu schlafen hatte sie noch nicht gelernt. Ein Nachmittagsstreifzug durch Zella hatte ihr gezeigt, daß in den Geschäften kaum mehr angeboten wurde als daheim. Salamanderschuhe waren eingetroffen, sie hatte zugreifen können. Die Schuhe wurden in der DDR hergestellt, hieß es, als sogenannte »Gestattungsproduktion« nach westlichem Standard. Bequem waren sie vom ersten Augenblick an.

Wenn sie sich einigermaßen auskannte und der Bagdadauftrag vom Tisch war, sollte sie auf einen Englischkurs drängen. Wenn dann ein ausländischer *buyer* diesen Betrieb besuchte, saß sie neben dem Leiter und dolmetschte nicht bloß, sondern hatte die Verhandlung im Griff. Jürgen würde in Plauen endlich richtig russisch lernen, Sven im Interhotel spanisch. Sven startete in aller Welt. Die Hippels eine internationale Familie.

Das Telefon. Aus Halle II wurde nach Flachzangen gemuffelt, sie konnte sofort antworten: »Sind bestellt.« Und wann sie kämen? »Sie haben doch gehört, sie sind be*stellt*. Nachfragen? Na, Sie machen mir Spaß!« Hatte patzig geklungen, na und.

Ihre Begrüßung am Nachmittag in der Gewerkschaftsgruppe war der Tagesordnungspunkt 3, vorher wurden eine Stellungnahme gegen Atomrüstung sowie eine Verpflichtung zur verstärkten Sauberkeit in Waschräumen und im Eingangsbereich debattelos einstimmig angenommen. Sie konzentrierte sich unterdessen auf den Zettel mit den Stufen ihres Werdegangs. Die letzten Sätze: Verheiratet mit einem Hauptmann der Grenztruppen – oder allgemeiner: mit einem Offizier? Ein Sohn, Lehrling, beinahe im A-Kader – konnte sie weglassen. »Sozialistische Einheitspartei Deutschlands« wollte sie aussprechen, sie hatte es bei anderen mit einem Anflug von Feierlichkeit registriert, man sollte nicht einfach die drei Buchstaben runterschnurren. Danach fielen flapsige oder gehässige Fragen schwerer.

Wir begrüßen eine neue Kollegin – der Vorsitzende brachte das im Kindergartenton vor. Während Marion Hippel ihre Daten herbetete, stehend, in einer Hand den

Zettel, blickte sie, besonders bei einigen Kolleginnen, in heitere Augen, die ihr signalisieren sollten: Hab Mut, wir können dich gebrauchen und mögen dich ohne Umschweife. »Meine berufliche Entwicklung verlief durch die häufigen Versetzungen meines Mannes nicht immer geradlinig«, das konnte niemand als Kritik an der NVA oder den Grenztruppen empfinden; war halt so. Ihr gegenüber hatte sich ein Mann zurückgelehnt und musterte sie aufmerksam, als wäre es interessant, was er hörte, oder vielleicht war sie ihm sympathisch, auch nicht schlecht. Das helle Hemd am Hals offen, glatte junge Haut, den hätten Bart oder Bärtchen nur entstellt. Fröhlicher Zug um den Mund, so einer brachte als Kollege jeden Morgen eine Stimmung mit, als wäre Frühling. »Der Herausforderung mit dem Schlachthof Bagdad fühle ich mich nur gewachsen, wenn mich das Kollektiv unterstützt, worum ich bitte.« Dem Frühlingsjungen gegenüber hätte sie anders formuliert, es war eben immer ein Unterschied, unter vier oder acht Augen etwas auszudrücken oder wie jetzt vor zirka dreißig Figuren. Frühlingsjunge, ein hübscher Spitzname für den eigenen Gebrauch; was doch das Hirn alles nebenbei produzierte, während der Mund mit Routine beschäftigt war.

Fragen? Nach Einarbeitung in die jetzige Hauptaufgabe sollte man über Qualifizierung nachdenken. Das sah sie auch so. Die Küchenkommission sei nicht vollzählig – Heiterkeit. Eine Tanztruppe wurde aufgebaut, wie wär's? Der Frühlingsbote lächelte, schöne Zähne hatte er auch noch.

Punkt vier. Im Präsidium setzte eine Kollegin die Brille auf und schlug vor, für die nächste Aktivistenehrung etwas ungewöhnliches vorzubereiten, den Kauf von einigen Meissner Plaketten aus Böttcher-Porzellan, »das is braun, nuwwr?« Vom Preis her bliebe das im Rahmen und wäre mal was anderes als ein Buch, sie selber besäße dreimal »Wie der Stahl gehärtet wurde«*, zweimal von ihrem Mann und einmal von der eigenen Aktivistenauszeichnung. Eine Meissner Plakette, also die BGL** wäre dafür.

Diskussionsbeitrag: »Eine Meissner Plakette gehört zum Erbe, unbedingt, also dafür.«

»Nischt gegen Meissner-Kurt«, wendete ein Behäbiger mit Doppelkinn und Augen tief im Speck ein, »Meissner-Kurt hat seine Verdienste beim Aufbau der Kinderferienlager, aber deshalb gleich 'ne Plakette?« Marion Hippel vermutete tiefgründigen Ulk, sie blickte hoch in die Augen des Maiboten, in deren Winkeln der Schalk glitzerte.

»Wie gesagt, wir sind befreundet seit dreißig Jahren, aber vielleicht versteht man das außerhalb von unserem Betrieb nicht ganz. Hier in Zella is Kurt bekannt wie'n bunter Vochl, aber sonst? Kollegen, ich könnte mir sogar vorstellen, daß wir von Erfurt eins aufn Deckel kriegen.«

Jetzt den Blick fest auf die Tischplatte senken, die Lippen zusammenpressen, das Kichern in den Bauch hinunterschlucken, aber dort rumorte es schon gefährlich und konnte sich in einem Prusten nach Schulmädchenart lösen, warum warnte denn keiner den armen Hund, der

---

* »Wie der Stahl gehärtet wurde« – Roman des sowjetischen Autors Ostrowski
** BGL – Betriebsgewerkschaftsleitung

sich in eine Blamage hineinquatschte, die lebenslang in allen Erinnerungen wabern und blubbern würde?

»Ich hab 'ne Plakette von Theodor Körner und eine von Thälmann. Mein Sohn hat eine von Täve Schur**. Meissner-Kurt is wirklich...«

Die Frühlingslippen hatten sich gelöst, Schmelz schimmerte, läßt sein blaues Band wieder fliegen durch die Lüfte, wenn sie nicht endlich rausplatzen durfte, würde sich der Druck ein Ventil suchen, also auf und raus, und hinter der Tür beugte sie sich ruckartig vor, das war wie in den Katakomben des Zentralstadions, oh Gott, schon ein Tröpfchen, sie war zum ersten Mal in diesem Block, wo war denn bloß das Klo, das Klo?

*

Drei Tage darauf in der Mittagspause, das war keine schlechte Zeit, kam sie sofort nach Bräunersbach durch und kriegte Giefertfelder an den Apparat. »Wenn Sie unbedingt wollen und gern reisen, können Sie ja herkommen. Hoffnungen hab ich Ihnen nie gemacht. Und wenn Ihre Sache noch so hoch angebunden ist. Meinethalben, bitteschön, biiietteschön!« Sie hätte ihm sonstwas vor den Latz knallen können.

Der Genosse Fahrer schlug vor, einen Schlenker über Bürgel zu machen, da gäbe es nicht nur diese Steingutbude, sondern auch den besten Fleischer ganz Thüringens. *Die*se Bratwurst! Der stopfte noch die berühmten Kringel von gut zwei Pfund; allein dieser Duft!

---

* Täve Schur- Radsportidol. Später Bundestagsmitglied der PDS

Aber die Fleischerei hatte geschlossen wegen Stromausfall, das stand an der Tür. Der Fahrer war so sauer, daß er bis Bräunersbach kaum ein Wort herausbrachte. Sein Gequatsche war ihr sowieso auf die Nerven gegangen.

Eine bemerkenswert hübsche Sekretärin empfing sie, bat abzulegen, fragte nach Kaffee- oder Teewunsch, öffnete die Tür, und Marion Hippel war baff. Ein Mann erhob sich hinter mächtigem Schreibtisch: Schnäuzer und schon wieder dieses freche Siegerlächeln, kein knallbuntes Hemd diesmal, sondern Schlips und Sakko, helle Brauen. Messerformschnitt war zwar nicht der letzte Schrei, paßte aber zu dem da. Klein und anliegend die Ohren, und sie schielte nach einem Baumeltäschchen am Handgelenk, das trug er im Büro natürlich nicht.

»Welch angenehme Überraschung.«

»Überraschung unbedingt.«

»Siiiiie sind Frau Hippel! Wenn ich *das* gewußt hätte!« Er eilte um den Schreibtisch und streckte ihr die Hand hin. Sie blickte sich suchend um. »Wo steht er?«

»Daheim natürlich. Ich bin platt.«

Sie hatte schon damals seine Haut als von edler Creme gepflegt eingeschätzt, jetzt roch sie: Westseife. Im NSW fiel eben manches ab trotz spärlicher Spesen; die Reisekader hungerten draußen, damit die Familie auch etwas vom Kapitalismus abbekam. »Herr Giefertfelder, wie kamen Sie ins Sperrgebiet?«

»Lieferung ans Volkspolizeikreisamt, was ich Ihnen natürlich nicht erzählen darf. Und schon gar nicht erzähle.« Er lächelte, sie lächelte zurück. So sähe man sich wieder, die Welt sei ein Dorf. Die Sekretärin trat lautlos ein und fragte: mit Milch und Zucker? Giefertfelder befahl fröhlich, in der nächsten Stunde sei er nur für Honecker, den Papst oder Beckenbauer zu sprechen. Und noch einmal betonte er, er sei baff bis baffest, neinabersowas.

»Und den Kollegen Norrmann kennen Sie gut?«

Seine Augen wurden rund. »Wer bitte ist das?«

»Nun tun Sie doch nicht so! Ich habe den Trick zu spät durchschaut, das muß Ihnen doch genügen!«

»Welcher Trick, welcher Norrmann?«

»Und Sie verfügen immer über fünftausend Piepen im Handtäschchen?«

»Ich hatte gerade bei der Volkspolizei kassiert. Es war nicht mein Geld, ich habe es für einen halben Tag ausgeliehen. Sie verraten mich doch nicht?«

»Sie machen mir Spaß, Herr Giefertfelder.«

»Sei's drum, Sie glauben mir ja doch kein Wort. Das wichtigste, wir haben uns schon damals schätzen gelernt. Ihr Verhalten war tadellos. Und ich wirkte als Kunde nicht schlecht?«

»Sie waren hervorragend.«

»Eine wunderbare Basis für weitere Zusammenarbeit. Besser in diesem Fall: Nichtzusammenarbeit.«

Das aufblitzende Lächeln erinnerte sie an Helmut Schmidt, den Westkanzler. Der zog genau so hurtig die Mundwinkel breit und ließ seine Beißerchen warnen. Sie schlug ein Bein über das andere und begann, gelassen über den Devisenbringer Irakisches Schlachtkombinat zu referieren, einen von Außenhändlern der Deutschn Demokratschn Republik in zähen Verhandlungen gegenüber harter imperialistischer Konkurrenz an Land gezogenen Auftrag. Er hörte höflich zu, nickte beifällig und streckte einmal sogar, ihre Worte unterstreichend, die flache Hand vor. So ist das, erwiderte er mit Miene und Geste, genau so, und die alles überragende Bedeutung erkannte auch er sofort. »Aber was haben wir damit zu tun, eine bescheidene Genossenschaft des verarbeitenden Gewerbes ohne Verzahnung in derlei globale Abläufe? Wir haben nur eine Aufgabe, Devisen zu erwirtschaften, und das tun wir mit Fleiß und Geschick.«

»Übrigens, wie sind Sie mit unserem guten Stück zufrieden?«

»Diese Farben, und die Größe des Bildschirms! Bei Landschaftsfilmen kann ich mich nicht sattsehen. Meine Frau rühmt auch: Früher haben wir gar nicht gewußt, was uns entgangen ist.«

»Freut mich. Ich habe ja am Telefon schon angedeutet: Wir brauchen Schrauben und allerlei Verbindungen, auch Blechabdeckungen aus rostfreiem Stahl.«

»Wie viel?«

»Knapp vierhundert Kilo.«

Er riß die Hände hoch, als würde eine Pistole auf ihn gerichtet.

»Ich stelle mir vor, Sie verkleiden Ihren Eingangsbereich mit wundervollem italienischen Travertin, dieser kostbaren Vorstufe des Marmors. Wenn dann Besucher aus dem NSW kommen, spüren sie sofort die besondere Atmosphäre. Ein Unternehmen von Welt!«

»So sehe ich uns schon lange. Ich bin nur noch nicht auf die Idee gekommen, daß wir einen neuen Eingang nötig hätten. Was wir wirklich brauchen, wäre ein kleineres Transportfahrzeug, anderthalb bis zwei Tonnen Nutzlast, schnell, wendig. Neuwertig natürlich.«

Sie nahm einen guten Schluck Kaffee, machte hmmm und ah. »Herr Giefertfelder, Sie sind in einer beneidenswerten Lage.«

»Genauso sehe ich das.«

»Und ich bin die blanke Bittstellerin.«

»Bis wann?«

Das klang beinahe wie der Beginn einer Verhandlung. »In drei Wochen.«

»Alles auf einmal?«

»Auch schubweise, die Kleinteile zuerst, die Bleche später. Die montieren wir zuletzt drumrum, und ab geht die Post.«

»Bagdad«, es klang versonnen, »keine Stadt, die mich reizen könnte. Was ich ganz gut kenne, sind Frankreich und Spanien. Und der Süden der BRD. Die Schweiz, tja. Knapp vierhundert Kilo. Ich hoffe, Sie haben nicht von sich aus verdoppelt, damit die Hälfte auch reicht?«

»Doch nicht Ihnen gegenüber.«

Das fand er spaßig und zeigte es. »Weil Sie's sind, und wenn Sie auch keinen Transporter abzweigen können und ich an Travertin aber nun wirklich null Interesse habe – wieso eigentlich nicht, Überraschungen sind immer etwas wert –, könnte ich mir wegen *hun*dert Kilo vielleicht doch eine Birne machen. Am besten, ich zeig Ihnen mal, wie's bei uns aussieht.«

Es war ein wunderfeiner Betrieb, hell und hygienisch bis in die Ecken, Automaten schnurrten und schnurpsten, an ihnen Firmenschilder aus der Schweiz und Italien. Vor ihnen wachten Mädchen in einheitlichen Kitteln und Kopftüchern, sie lächelten ihren Chef freundlichst bis flirtend an; er blieb ihnen nichts schuldig. Männer schoben Karren, auf denen Stahl blitzte, Nirosta oder V2 A oder die exquisiteste Legierung mit Titan.

»Wir beziehen die Stähle, zerspannen und liefern zurück. Davon leben wir herrlich und in Freuden, und unser lieber Nachbar auch. Damit meine ich den Genossen Finanzminister.«

»Wie viel Tonnen am Tag?«

»Geheim.«

»Wie wenige Prozente wären das für uns?«

»Und Sie denken«, erwiderte er leise, »Sie sind die einzige, die von uns gern ein paar Schräubchen hätte?«

Vor der Tür standen sie noch eine Viertelstunde, weil der Fahrer nicht in Sicht war. Er wolle nachdenken, versprechen könne er natürlich nichts. »Diesen Spruch über den sozialistischen Leiter kennen Sie: Wo wir sind, klappt nichts, aber wir können nicht überall sein? Ich will mal rumhorchen, ob jemand Travertin braucht. Wieviel haben Sie, was sagten Sie gleich?«

Die Rückfahrt verlief optimal: Der Fleischer hatte geöffnet.

13. Ein Ruf wie Donnerhall

»Nimm Platz Jürgen, nimm Platz Gero.«

Der Oberst sprach sie selten so familiär an, zum Servieren von Kaffee schien es nicht weit zu sein. Hippel schaute Kupferblech von der Seite an, der blickte wie immer höflich und unbeteiligt. Was konnte den schon aus der Reserve locken.

»Die weniger gute Nachricht zuerst. Ihr seid gefilmt worden.« Der Oberst nickte bedeutungsschwer. »Ein gewisser Schordano* hat sich an der Grenze herumgetrieben, sein Hetzprodukt ist inzwischen von einem Westsender ausgestrahlt worden. Es gibt da allerhand Schoten. Die Hunde in unseren Laufanlagen seien so angekettet, daß zwischen ihren Schnauzen gerade mal ein Zwischenraum von ein paar Zentimetern bliebe. So könnten sie sich nicht gegenseitig vor Hunger anfallen, aber es könnte auch kein Grenzverletzer durchschlüpfen.«

»Fein beobachtet«, ließ Kupferblech hören, es hatte wohl sarkastisch klingen sollen.

»Ihr seid gefilmt worden, als Zaunelemente ausgewechselt wurden. Ich habe den Streifen mit Sondergenehmigung gesehen. Euch habe ich deutlich erkannt. Der Schlaukopf hat herausgefunden, daß alle Schrauben vom Westen her eingedreht sind und der letzte Monteur beim letzten Element über den Zaun hochgezogen werden muß.«

---

* Schordano – gemeint ist offensichtlich Ralph Giordano (»Die Bertinis«), der 1978 vom Westen aus einen Film über Grenzanlagen der DDR gedreht hat

»Und wir haben nichts gemerkt.«

»Sonst hätten wir es ja sofort gemeldet.« Hippel meinte, er läge damit vor Kupferblech.

»Das mit den Schrauben macht den Schnüffler natürlich fix und fertig. Manches imponiert ihm, das Sperrgitter durch die Werra, unpassierbar für Boote, Schwimmer und Taucher. Und wir hätten mehr Erde bewegt und Wälder abgeholzt als damals die Römer mit ihrem ganzen Limes. Der Bursche kommt uns nicht mehr ins Land. Absolutes Einreiseverbot. Genossen, nun der zweite Punkt, und der gefällt mir wesentlich besser. Jürgen, du hattest vor ein paar Wochen die Idee mit dem Ehrenbanner und dem Stoßtrupp von drüben. Mir schien damals, eine solche Maßnahme passe nicht in die politische Landschaft. Demnächst üben wir mit der NVA den Gegenschlag. Das hat Gero auf den Gedanken gebracht, diese Übung zwischen dem Tag X und unserem Vorstoß einzuschalten, quasi als Maßnahme des Gegners, uns herauszulocken. Darüber sollten wir uns austauschen.«

Kupferblechs Idee – es war zum Schreien und zum Kotzen. Er, Hippel, hatte das Ding ausgetüftelt und beinahe zum Laufen gebracht, dann kam der große Stopp, und plötzlich fledderte Kupferblech seine Maßnahme. So war es immer und immer, und Kupferblech schien das alles gar nicht zu merken.

»Die Maßnahme *könn*te in diese Phase passen. Die Gegner werden nervös und hetzen einen Stoßtrupp los.«

Wenigstens fiel Hippel ein: »Bundesgrenzschutz oder Amis?«

»Warum ist das wichtig?« fragte der Oberst, und Kupferblech schien der gleichen Meinung zu sein, natürlich war er das.«In Bayreuth steht ein Aufklärungsbataillon, die dort fühlen sich als halbe Ranger mit alter Tradition. Bayrischer militärischer Hochadel sozusagen. Die wittern das EK I und schlagen über alle Stränge.« Der Oberst trat an die Wandkarte.»Hier oder hier? Westlich vom Dorf III?«

»Die alte dünne Stelle, wo wir eine Baumreihe pflanzen wollten. Wo die Lichtsperre aufhört.«

»Dort lassen wir sie durch«, entwickelte der Oberst. »Deine Leute, Gero, schleichen bis an den Küchenblock. Und da haben deine Genossen Dienst, Jürgen. Durchbruch ein Uhr. Bis zur Küche brauchen sie keine halbe Stunde. Natürlich ist alles in erhöhter Bereitschaft. Das Objekt schützen acht bis zehn Genossen. Alle fiebern. Sie hören ja jeden Tag, wie die Freunde vorpreschen. Coburg eingekesselt, Panzerspitzen vor der Frankfurt-Würzburg-Autobahn, Gegenstoß aus dem Raum Gießen. Die Regierung der DDR stiftet den Scharnhorst-Orden. Westberlin wird in sechs Stunden von vier Seiten her aufgesplittert. Die Franzosen bleiben in ihren Kasernen und ergeben sich. Feierlich mit Degen und so. Unser Fernsehen überträgt live. Schnitzler[1] in der Uniform eines Oberst der Nationalen Volksarmee, Hermann Kant[2] und die Puhdys[3] bei unseren siegreichen Truppen. Gaby Seifert und Anna Seghers, Eiskunstläuferin und Dichterin, gründen den Luisenbund der DDR. Patriotische Aufbruchsstimmung massenhaft, zum Rhein, zum

---

1 Schnitzler – DDR-Fernsehkommentator, »Der schwarze Kanal«

2 Hermann Kant – DDR-Schriftsteller, Nationalpreisträger, IM »Martin«

3 Puhdys – staatstreue DDR-Rockgruppe

deutschendeutschen Rhein, Gold gab ich für Eisen, na, das letztere nicht, wer hat schon Gold. Bloß bei uns ist alles still, zu still. Plötzlich hechten dunkle Gestalten übern Zaun!«

»*Uns* ist alles klar«, ergänzte Kupferblech pomadig, »aber wie können wir diese Lage nach unten vermitteln?«

Hippel wagte zu probieren: »Andeutungsweise.«

»Im Gegenteil, und das ist ja nun wirklich das Gegenteil: Wir müssen unseren Posten die Munition wegnehmen. Die wissen dann sofort: Übung! Die merken ja auch, Gero, daß du mit deiner Einheit ausrückst. Schon kommt Indianerstimmung auf. Genau das ist Fakt.«

»Wir müssen ihnen sogar *Schlüssel* mitgeben, damit nichts zerrammelt wird. Im Ernstfall würden sie natürlich alle Türen eintreten.« Hippel wußte, daß er damit das Problem an der Gurgel hatte. Da half kein Drehen und Wenden, ein höherer Grad an Wirklichkeit war nicht zu erreichen, zumal die angenommene Gesamtlage unter keinen Umständen verraten werden durfte. Zwei Nächte später würde dann die Stabsübung ablaufen, auch dabei war es hochwichtig, daß alles unspektakulär abrollte und feindseitig keinen Argwohn erregte.

»Zehn Angreifer, zehn Mann Wache. Die NATO-Gangster ziehen die Klamotten verkehrt herum an, keine Helme. Turnschuhe. Wahrscheinlich werden die Angreifer denken, es geht gegen die Waffenkammer.«

»Die wenigsten wissen«, warf Hippel ein, »daß es das Ehrenbanner überhaupt gibt. Da soll etwas geklaut werden, von dem niemand weiß, daß es geschützt werden muß, mal milde ausgedrückt.«

»Folglich Schulung«, schlug Kupferblech vor, »die proletarische Vergangenheit von Suhl und Umgebung. Kapp-Putsch, Roter Frontkämpferbund. Jürgen, was für dich. Und der Hunger des Feindes auf eine Trophäe.«

»Noch eines, Genosse Hippel, dein Antrag für Plauen ist so gut wie durch.«

Jetzt wurde der Oberst offiziell, die Plauderei war vorbei.

»Ich habe das schon mit dem Genossen Kupferblech vorbesprochen. Ihr beide solltet nach diesen Übungen im Kollektiv eine Doktorarbeit darüber schreiben. Genosse Kupferblech hier, Genosse Hippel an der Offiziersschule. Zuerst könnt ihr den Rahmen aufstellen und durchdiskutieren.«

»Doktorarbeit«, Hippels Stimme klang unsicher.

»Ich habe mir gedacht«, ergänzte Kupferblech, »daß ich die Stabsübung bearbeite, Jürgen den Stoßtrupp und die Abwehr. Eine Präambel sollte das ganze verzahnen.«

Hippel registrierte trotz aller Überraschung ernüchtert und hilflos: Kupferblech hielt, noch bevor die erste Zeile geschrieben war, das Heft in der Hand. Kupferblechs Gerippe stand, nun durfte ein zweiter Mann ein wenig Fleisch an die Knochen pappen.

»In einem Jahr in Plauen kannst du eine Menge schaffen, Jürgen. Ab und zu kommst du her, oder Gero besucht dich. Ihr einigt euch zunächst über den Titel, den brauchen wir, wenn wir das Projekt einreichen. Also dann, rauft euch zusammen!«

Hippel und Kupferblech standen auf. Händedruck, dem Oberst in die Augen geblickt dabei. Hippel war feierlich zumute wie sonst nur bei einer Beförderung. Es wäre nicht übertrieben gewesen, hätte er hinzugefügt: »Ich diene der Deutschen Demokratischen Republik!« Gleich darauf ärgerte er sich: Er hatte damit auf Kupferblech gewartet.

Draußen gratulierten sie einander. Und: Wir kriegen das hin, keine Frage! Gleich morgen oder übermorgen würden sie über die Präambel diskutieren. »Gero, komm doch mal zu uns rüber.«

»Gute Idee.«

Normalerweise hätte Hippel hinzugefügt: Meine Frau brätelt uns was Hübsches. Aber das war jetzt keinesfalls mehr sicher, manchmal kam Marion erst kurz vor zehn mit dem letzten Bus zurück. Sonderberatungen immer wieder. Er mußte künftig wenigstens an manchen Tagen den »Wartburg« rausrücken.

Als er zu den Offiziersblöcken hinaufging, sagte er sich im Inneren vor: Hauptmann Doktor Hippel. Noch ein gutes Jahr, und er war Major. Vielleicht spezialisierte er sich auf Vorträge über taktisch-ideologische Fragen. Es war nicht zu weit hergeholt, wenn er formulierte: strategisch-taktisch-ideologische Zusammenhänge. Das Wort komplex konnte ebenfalls vorkommen.

Gelbe Wolle quoll aus der Heizleitung wie eh und je. Damit würde er sich nicht mehr lange herumärgern müssen. In Plauen ginge er mit einer Mappe unter dem Arm über den Hof zur Bibliothek. Nach Jahren mußte er nicht mehr täglich Stiefel tragen; seinen Füßen würde das gut tun. Seinem Fußschweiß, genauer gesagt. Jetzt war erst mal der Titel wichtig. Und die Präambel.

Am Abend fiel ihm seine Frau nach den ersten Sätzen jubelnd um den Hals. »Jürgijürgi, Jungejunge! Mein

Doktor Jürgi!« Er gab sich vorsichtig, bis dahin bliebe noch eine Menge Holz zu hacken. Er mußte aufpassen, daß Gero, also Kupferblech, nicht die Brocken an sich riß und ihm nur die Pusselarbeit blieb. Er hatte Sekt kaltgestellt, »Rotkäppchen«.

»Auf dich, Jürgen!«

»Auf uns beide.«

»Und auf den Juniorenweltmeister.«

Ein einschneidendes Ereignis im Familienleben, darüber waren sie sich einig. Jetzt standen wieder alle Fenster offen. Das war noch wichtiger als Marions Wechsel von der HO-Verkäuferin in die Materialwirtschaft eines jedenfalls im Moment hoch angebundenen volkseigenen Betriebes. Wenn Sven jetzt noch ins Internat kam, waren Sprünge möglich. Jürgen in Plauen, Marion bemühte sich in Zella um mindestens drei Zimmer; dort sollte künftig der Hauptwohnsitz der Familie liegen. Mit dem Wagen brauchte er von Plauen drei Stunden. Wochenendehe für ein Jahr, das wäre auszuhalten. Urlaub, Weihnachten undsoweiter gab es schließlich auch.

Nach dem Sekt noch ein Schnäpschen? Es war eine Weile her, daß er gemeint hatte, ihre Schenkel wären gebaut wie die Kotflügel eines wunderbaren Sportflitzers, natürlich weicher. Er probierte, er hatte recht gehabt. Wochenendehe: Einiges hatte sich angesammelt. Dann mußte aber auch alles klappen! Daß es heute klappen würde, war keine Frage.

*

Zwei Abende später klingelte Kupferblech. Er trug zu seiner Diensthose einen hellblauen Pullover mit spitzem

Ausschnitt überm beigen Hemd. »Duftet schon mal gut.«
Er brachte gelbe Rosen mit, und sie rief: »Wo hast du *die*
bloß aufgetrieben!«

Kupferblech pries die Sitzgarnitur und den riesigen
Buntfernseher, und Marion lachte: Wenn *sie* keinen hätten, wer denn dann! Kupferblech fragte nicht, ob mal für
ihn eine Möglichkeit bestünde, das fand sie sympathisch
– ach, er würde sicherlich wissen, daß sie nicht mehr bei
der HO war.

»Seltsam, da wohnen wir nun seit zwei Jahren Block an
Block, und zum ersten Mal besuche ich euch.«

Hippel öffnete eine Flasche mit ungarischem Brandy.

Die Gastgeberin hatte eine Ente gebraten und, damit
es in jedem Fall reichte, ein paar Broilerstücke an den
Rand gelegt. Rotkraut und Klöße, nicht selber gemacht,
dazu hätte ihr einfach die Zeit gefehlt. Und es wäre oben-
drein ein Risiko, sich in diesem Landstrich an Klöße zu
wagen. Sie schaute auf Kupferblechs schlanke Finger und
gepflegte Nägel – schöne Hände. Überhaupt war er ein
anderer Typ als ihr lieber Jürgen. Der würde bestimmt
niemandem ins Wort fallen. Warum hatte sie Sven nicht
so erzogen? Der fläzte beim Essen den Ellbogen auf den
Tisch. Jürgen matschte die Klöße in die Soße. Mit Norrmann war es nicht weiter her als etwa bei ihrem Herrn
Gatten. Giefertfelder?

Der Gast lobte die Ente, lehnte ein weiteres Stück ab,
fragte, ob er auch einen *hal*ben Kloß bekommen könnte.
Ein Löffelchen Soße träufelte er darüber, nahezu zierlich
sah das aus. Sie hätte gern nach dem Beruf seiner Eltern
gefragt, traute sich aber nicht. Vielleicht Ärzte – aber kam

ein Bürgersohn an die Grenze? Oder hatte ihn seine Frau beizeiten in die Mangel genommen?

»Wo lebt eigentlich deine Frau?«

»In Berlin.«

»Und was macht sie?«

»Sie ist Lehrerin an einer Spezialschule für Hörgeschädigte.« Klar, daß sie hier im Sperrgebiet keine Arbeit fände. Und es wäre wirklich schade, wenn die lange und gründliche Ausbildung ungenutzt bliebe. Er hänge an seinem Beruf, sie an ihrem – man konnte nicht alles haben.

Hippel nahm das letzte Stück. Als er endlich fertig war, stöhnte er, wenn er jetzt über die Sturmbahn müßte, verreckte er schon an der ersten Wand. In der nächsten halben Stunde dürfe der dritte Weltkrieg unter keinen Umständen ausbrechen! Darauf noch einen Brandy?

Sie setzten sich an den Couchtisch, Kupferblech nahm einen Bogen aus seiner Mappe. »Ich hab über den Titel nachgedacht. ›Abwehr- und Angriffssituation und -entwicklung unmittelbar vor einer imperialistischen Aggression im Zusammenwirken von Einheiten der Nationalen Volksarmee und den Grenztruppen der DDR unter Bedingungen verzweifelter Provokation seitens der Gegner und konsequenter Besonnenheit der Streitkräfte unseres Friedenslagers.‹«

»Hm«, machte Hippel. »Alles drin, oder?«

»Nicht schlecht wäre: Kriegstreiber.«

»Muß sofort parteilich klingen. Und das tut es. Meinst du auch, Marion?«

»Sind solche Titel immer so lang?«

»Es muß alles drin sein«, antwortete Kupferblech. »Und in parteilicher Sprache.«

Marion fand diese Sätze in ihrem Wohnzimmer angesichts voller Biergläser einigermaßen komisch. Ob vielleicht Giefertfelder einen Schuß Ironie dazwischenfeuern würde? Bierernst, das war's.

Kupferblech baute weiter aus: »Als der Oberst von Scharnhorst, Luisenbund und Gold gab ich für Eisen redete, war mir klar, welche historische Parallele wir ziehen sollten. Achtzehnhundertdreizehn, Blücher, Theodor Körner. Die Russen mit den fortschrittlichen Deutschen, den Preußen, gegen den westlichen Aggressor Napoleon und die rückständigen Deutschen, Rheinbund, Bayern, Württemberger. Wir wolln des Stromes Hüter sein. Lieb Vaterland, sollst ruhig – in dieser Richtung.«

»Genial.« Hoffentlich war ihr kein spöttischer Unterton dazwischengerutscht. Ihr Mann hatte jetzt das Stadium erreicht, in dem er die meisten Sätze zweimal sagte. Seine Zunge beherrschte er noch.

Schade, daß Sven nicht da sei, lärmte Hippel, der hätte mal erleben sollen, wie sich zwei schlichte Grenzer zu Historikern mauserten! Beim Aufstehen räumte Marion nebenbei die Brandyflasche vom Tisch.

»Und dann die Schönheit des Kampfes.« Kupferblech hatte in seinen Studienunterlagen gekramt. »Hier von Generalmajor Professor Doktor Milowidow.«

»In zwei Jahren heißt es: Major Doktor Kupferblech! Dann Durchmarsch bis zum Oberst!«

»Das hier: Ziel vernichtet! So fallen sich die Soldaten vor Freude in die Arme. Moralisch-ästhetische Gefühle hinterlassen eine tiefe Spur im Gedächtnis.‹«

»Sowieso.«

»Oder: 'Ein Krieg zur Verteidigung des sozialistischen Vaterlandes ist *schön*. Die Freude, die militärische Tätigkeit erweckt, ist deshalb mit der Freude, die uns Kunstwerke bereiten können, in vieler Hinsicht verwandt.'«

Hippel rief zur Küche hinüber: »Marion, haste gehört?«

»Das paßt auch hierher: ›Die militärische Tätigkeit erfordert ebenso wie das künstlerische Schaffen absolute Konzentration. Für den Kommandeur ist ein Höhenflug schöpferischer Erleuchtung notwendig.‹«

»Wie ist das, ihr Helden, für jeden noch ein Bier?«

Kupferblech schaute auf die Uhr, es sei spät geworden. Andermal bei ihm; hoffentlich, wenn seine Frau ihn besuchte.

Sie nahm den vollen Aschenbecher vom Tisch und öffnete das Fenster. Schön wäre die Luft draußen.

Kupferblech verstand offensichtlich und verabschiedete sich. Hippel trug Gläser in die Küche. Sie wischte den Tisch ab. In jeder Hinsicht kam Kupferblech vor Norrmann. Giefert oder wie sein Name weiterging, hatte noch keinen Rangplatz. Aber sie wußte, wie er roch. Giffi mit der Westseife. »Sei froh, daß du mit Kupferblech zusammengespannt bist. Da wird das garan*tiert* was.«

Im selben Augenblick fiel ein Glas klirrend ins Becken.

14. Sonntag, buchmäßig

Allmählich Wachwerden am Sonntagmorgen. Sieben, kein Wecker, auch nicht um acht. Der Schniefer neben ihr hatte weder Dienst noch war er im Morgengrauen vom Objekt heraufgekommen, von der Hundelaufanlage, Uringestank an den Stiefeln. Stiefel im Treppenhaus, im anderen Block die von Kupferblech, der auf einmal Gero hieß und eine Frau hatte, spezialisierte Lehrerin. Sie selber war auch etwas geworden, Brigadeleiterin in der Volkseigenen Industrie; wenn sie gewollt hätte, wäre Fernstudium dringewesen. Der Vater Arbeiter in der Kohleverladung, Springerschicht durch dreißig Jahre, nun zerdehnte Gelenke und Rückenschmerzen Tag und Nacht. Die Mutter Köchin in einer Kinderkrippe. Da war sie doch ein Stück raufgerutscht, das lag in der Zeit der Frauenförderungspläne, da mußte man sich paradoxerweise geradezu anstrengen, daß sie einen nicht immer weiter qualifizierten. Stürmt die Höhen der Kultur! In diesem Sinne.

Im Bad sah sie hinaus; am jenseitigen Hang streiften Nebel die Füße der Büsche, schienen auf einem See zu treiben, da der Dunst langsam abfloß. Ein Hauch des Herbstes, am Morgen spürte man ihn am stärksten. Vor zwei Tagen bei der Fahrt über die Berge hatten sich die Leute im Bus gegenseitig aufmerksam gemacht: Der erste Reif.

Nochmal in die Falle, dehnen, vielleicht einschlummern, abwarten, bis sie wirklich aufstehen wollte. Die lieben alten Eltern hatten noch immer keinen Buntfernseher, das hing jetzt, da sie nicht mehr bei der HO war, von Norrmann ab, von Eugen – an diesen Namen würde sie sich nie gewöhnen. Blieb die Frage, ob sie sich an den dazugehörigen Mann gewöhnte. Die Sache war nun ein Stück weit hingeglitten, konnte weiterwursteln bis ins Bett, einmal, dreimal, oder sie ließ alles einschlafen oder brach ab, ruckzuck. Es war ewig her, daß sie sich was fürs Herz geleistet hatte, sowas baute sich nicht von selber auf, jetzt, da sie bald vierzig wurde. Das Tor ging langsam zu.

Wenn sie Friedeberg unter Druck gesetzt hätte und nicht immer so korrekt gewesen wäre! Natürlich nahm jeder ein Päckchen Eduscho an. Wenn sie argumentiert hätte: Mein Vater hat sich an diesen Kohlewaggons kaputt geschuftet, besonders im Winter, wenn das nasse Zeug angefroren war und die Volksarmee anrücken mußte, damit es irgendwie weiterging an den Karbidöfen und dem Kraftwerk. Er hat jetzt das *Recht* auf den besten Fernseher der Welt, es ist ge*recht*, daß *er* ihn bekommt und nicht der Kerl mit dem Baumeltäschchen und einem Vornamen, den sie nicht kannte.

Tiefes Atmen neben ihr, Prusten, Fiepen, komisch: Da wurde der künftige Doktor Hippel wach an einem absolut dienstfreien Sonntagmorgen, sie würden frühstücken wie Leute im Film, mit Ei und Schinken, Marmelade und Honig. Mit frischen Brötchen nicht, die hatten sie zuletzt im Urlaub geschnurpst im Armeeheim an der Müritz. Aal am Abend zweimal. Sie würde dann Weißbrot toasten und den Tisch decken mit Servietten und Kerze, aber vorher bestand sie darauf, daß er ein richtiges Hemd anzog und nicht im Bademantel angelumpelt kam. Rasieren brauchte er sich nicht, dabei waren in den alten UFA-

Filmen, die sie immer montags sahen – also da wurde auf Terrassen am See gefrühstückt, und die Männer waren dermaßen rasiert, daß man glauben konnte, nach dreißig Jahren würden Axel Ambesser oder der Marian immer noch von der Mattscheibe herunter scharf duften. Giffi oder wie er hieß: *Axel* würde zu dem passen.

Männer. Es war zehn Jahre her, daß sie zum letzten Mal eine Freundin gehabt hatte, am Südrand von Berlin in einem Objekt, in dem die meisten Offiziersfrauen nicht arbeiteten, weil für sie keine Arbeit gab. Die wenigsten hatten sich darüber beklagt. Eine Freundin unter all denen, die zusammengluckten und Likörchen kippten und nach einer Weile kreischten – was da gesoffen worden war. Nach einem Jahr hatte sie ihren Alten abgeschüttelt und sich weit weg Arbeit gesucht, Ingenieurin im Stahlbau, verrückt. Dreimal wäre sie gern genommen worden, aber nirgends gab es Klos für Frauen, verrückt! Wenn sie jemals einer Frau begegnet war, die sie für lesbisch hätte halten *kön*nen, dann die, sie hatte gedacht: Wenn die was will, dann greift sie zu. Einmal war was Ähnliches sogar in einem DEFA-Film nahezu vorgekommen, da hatten zwei ein bißchen aneinander herumgetatscht, na, das war ja nun ein eindeutig negatives Wort. Wenn die Freundin damals *hätte?* Ihre Haut am Hals und zur Brust hinunter konnte sie sich immer noch vorstellen.

Sie stand rasch auf und duschte und zog sich gleich ordentlich an. Sie ließ die frischeste Luft in die Küche, unten standen Dahlien in leuchtender Blüte, später als im Flachland gewannen sie hier ihre Pracht, ehe der erste Frost, ein Hauch nur, sie schrumpeln ließ. Die Dahlien waren gescheiter als jedes Thermometer. Wenn sie noch einmal fünfundzwanzig wäre, würde sie auf ein weiteres Kind drängen, und wenn es ein Junge wäre, auf ein drittes, bis es mit einem Mädchen klappte. Ihre Tochter könnte jetzt schon vierzehn sein, mit der würde sie zusammenhalten gegen Sven und Jürgen, gegen den Opa in Leipzig, der maulend auf dem Sofa lag. Die Tochter würde dabeisitzen, wenn Kupferblech alias Gero hereinschneite und seine Tiraden abließ. Proletarisch-eindeutig, es war zum Schreien.

Das Weißbrot erwies sich als verschimmelt. Ehe sie das Mischbrot mit hohem Weizenanteil aufschnitt, schaute sie nach ihrem Mann, der hatte die Arme unter dem Kopf verschränkt und schaute sie fröhlich an. Sie legte ihr Federbett ans Fenster, sömmern hieß das und war in Leipzig unmöglich. »Paß auf, wenn ich dich sömmere!«

Am Frühstückstisch brummte er, so ließe er es sich gefallen. Bloß: *Mußte* da *Armee*leberwurst rumstehen? Sie konterte, ein Kinogentleman würde sich rasiert haben, was hatten sie denn unlängst gesehen mit Willy Fritsch am Alpensee und die Damen im Dirndl? Seltsam, Filme aus der BRD zeigten sie ganz selten, aber auf die UFA-Schinken dehnte sich die Abgrenzung nicht aus. Ob es solche Männertypen im DDR-Film nicht auch gab, glattwangig und duftend? Otto Mellies?

Gelber konnte Eigelb nicht sein. Dick strich er Butter auf. Ob sie gehört habe, wann Sven nach Hause gekommen sei? Nöö. Nach so'ner Disko zog sich das hin. Mit Gitti ging es nun schon eine Weile einigermaßen, vermuteten sie. Wichtig, daß ihn sich keine Ältere krallte. Bestand da Gefahr, gab es einen Anhaltspunkt? Nöö. Bei den ewigen Wettkämpfen war einmal im Monat Disko drin, mehr keinesfalls.

Nach zwei Stunden war der Haushalt blank. Sie schlich in Svens Zimmer, er schlief zusammengerollt, ohne daß sein Atem zu hören gewesen wäre. Eine halbe Stunde vor dem Mittagessen würde sie ihn wecken, es kam nicht infrage, daß sie ihm etwas zum Aufwärmen hinstellte. Einer Tochter würde sie jetzt beim Kochen einiges beibringen und dabei tratschen. Über die Menstruation beispielsweise, wie es bei ihr damals gewesen war. Heute passierte das ja ein oder zwei Jahre früher. Geheimnisse würde sie respektieren. Gar nicht ausmalen, sie hätte hinterher noch Zwillinge gekriegt, zwei Bienchen.

Ihr Mann murkste am »Wartburg« und drehte eine Proberunde, das machte er sonntagsfrüh gern. Sie standen zu fünft unten und quatschten, Kupferblech war nicht dabei. Sie hielten sich für ungeheure Autofachleute, vermutlich gab einer mehr an als der andere. Wenn sie hinunterrief: He, ihr Könner, wer kann mir einen Anderthalbtonner beschaffen? Die würden nur dumm gucken.

Sie wickelte Rouladen, das Fleisch fand sie ein bißchen zu hell. Nach dem Anbraten würde sie gepökelte dicke Rippe hinzulegen und viel*leicht* ein Weilchen eher herausnehmen; sie war gespannt, wie sich das auf die Soße auswirkte. Ihre Männer fraßen alles, Hauptsache, es war reichlich. Genaugenommen war ihr noch nie ein Feinschmecker begegnet. Kupferblech hatte ihre Ente nicht sonderlich einfallsreich gepriesen. Bei Giffi konnte man nicht wissen.

Sven erschien dann doch rechtzeitig in Turnhose mit dem Handtuch um die Schultern. Sie mußte ihn hindern, die Topfdeckel zu lüften. Also erst mal anziehen! Der Hauptmann ließ seine Autokumpel alleine, ohne, daß sie ihn rufen mußte. Sven fragte, was vor zwei Tagen rechts von seinem Abschnitt losgewesen sei, in der Disko hätten sie von Explosionen geredet, von MP-Rattata und Feuerwerk. Keine Ahnung, eine Übung *höchs*tens, ihnen wäre nichts gemeldet worden. Im Ernstfall passierte das sofort, wenn die Sache irgendwie übergreifen könnte. Sache? Na, wenn sich jemand verlatschte zum Beispiel.

Die Männer putzten auch den letzten Rest Soße weg. Sven fand das Pökelstück klasse. »Prima, Mutti. Und nicht für jeden bloß eine Roulade, genau abgezählt. Sowas verstehe ich unter Freiheit.« Nur die Erbsen seien alles andere als »fein«, und wenn das zehnmal auf dem Glas stünde. In der Disko? Rammelvoll wie immer; wenn sie in der Pause vor die Tür getreten waren, hatten sie gedacht, sie knallten in die Eiszeit. Gitti und ihr Bruder und seine Neue, roochte und redete fast nüscht. Die hatte sogar noch *ihre Freun*din mitgebracht, was Gittis Bruder natürlich nicht gepaßt hatte. »Also Stimmung!« Sven bohrte vergeblich nach Pudding.

Dann saßen sie matt und friedlich und beratschlagten den Verlauf des Nachmittags. Hippel schlug ein Stündchen Pause vor, sie verlangte: Aber keine Minute länger! Sven sollte beim Abwasch helfen. Dann müsse er fort, sie hätten sich für ein kleines Fußballturnier verabredet, Sechsermannschaften, er mit Kollegen, seltsamerweise knüppele eine Kneipenmannschaft mit. Erst hatten manche gemeint, das gehe überhaupt nicht, und nun ging es doch. Eine Sache vom DTSB*, nix mit illegal.

»Und wir beiden Alten? Eine Landpartie?« Der »Wartburg« hätte vorhin wie wild gewiehert. Also auf kurz nach zwei.

Es wurde eine kleine Thüringen-Rundfahrt, wenigstens durch den westlichen Teil. Hinauf über Zella nach Oberhof, da war von Sven die Rede, und sie stellte sich vor, Norrmann übergab hier endlich den Riesenkarton. Hinunter über Ohrdruf auf Gotha zu, in der Nähe lag der berühmte Panzerübungsplatz der Freunde mit ihren Gardestoßtruppen; von hier aus brach der große Sturm an den Main los, dessen Nachspiel sie demnächst bei ihrer Übung beschäftigen würde. Auf der Autobahn in Richtung Westen peitschte er den Motor auf über neunzig, die Federung bebte, die Rillen zwischen den Platten müßten wiedermal verschmiert werden. Hin und wieder überholte ein BMW oder Mercedes vorsichtig mit hundertfünf, mehr riskierten die nicht: es könnte teuer werden.

Sie fuhren eine der schönsten Strecken, die sie kannten, an den Hörselbergen entlang auf höhenversetzten Spuren, gelegentlich mit einem Blick auf die Wartburg. Quer durch Eisenach war's mühselig, miserabel das Pflaster, Umleitungen. Hinter der Stadt waren die Straßen beinahe leer, denn rechterhand begann Grenzgebiet, und er erzählte von Vacha, dem geteilten Städtchen mit Sichtblenden den Bach entlang und einem Wachturm mitten auf einer alten Brücke – die Genossen dort hatten den schwersten Dienst überhaupt. Daß Pferdsdorf noch nicht

---

* DTSB – Deutscher Turn- und Sportbund

geräumt worden war, galt in der Truppe als leichtsinnig und inkonsequent. Wenn's nach ihm gegangen wäre: Die Leutchen ausgesiedelt, an der Oder war genug Platz. Das Dorf planiert und eingesät. Nicht etwa Mais, der wurde ja an die zwei Meter hoch. Kühe drauf. Glasklare übersichtliche Fläche. Aber nein, den Genossen wurde die strapaziöseste Plackerei zugemutet. Hinter jeder Hausecke eine Falle. Der Ulsterbach wurde immerzu von der Grenze gekreuzt, jedes Hochwasser spülte Minen heraus, die hingen dann in den Sperrnetzen. Die Grenze zackte den Hügel hinauf, wie ein längst vermoderter Landesfürst irgendwann die Gemarkungen festgelegt hatte.

Die Menschen hier fanden sie ein wenig zu wohlgenährt, und Marion formulierte, was ihrem Mann mißfiel: fette Kinder. Die BRD fiel im Fleischverbrauch zurück, der DDR-Bürger verzehrte doppelt so viel Butter wie einer drüben. Die Mädchen bekamen schon mit vierzehn feiste Hüften, mit zwanzig gingen die Frauen auseinander. Ein schlimmer Ausdruck, als wären sie Teigwaren. Männer lehnten mit prallen Armen auf den Gartentüren, bereit, wie es schien, sich sofort ans Grillen zu machen, Bierkästen in Reichweite. Die Großmütter tischten gerade Kuchen mit zwölf Eiern drin auf, man gehörte ja nicht zu den Hungerleidern. Sattes Land, das walte Hugo. Wer war Hugo?

Hinter Bad Salzungen fanden sie Platz in einem Gasthof unter riesigen Kastanien – daß es sowas noch gab. Ein hübschhäutiges Mädchen servierte miserablen Kaffee; das Geschirr war an den Rändern angeschlagen. Der Quarkkuchen mit daumendicken Butterstreuseln war eine Wucht, und Hippel bestellte ein zweites Stück. Mit

Kupferblech, also mit Gero, hätte er sich zwischendurch über die Präambel verständigt, sie wollten nach Zitaten von Engels suchen. Ulbrichtsprüche seien unerwünscht, das sei ja klar. Gero besäße eine Broschüre über Frunse*, vielleicht würde er dort fündig, das hätte dann Seltenheitswert.

An den Nebentisch setzte sich ein Ehepaar mit vielleicht elfjährigen Mädchen, Zwillingen. Während Marions Aufmerksamkeit für die Überleitung von der Präambel zum operativ-grundsätzlichen Teil nachließ, stellte sie sich vor, nach Anja, die jetzt vierzehn wäre, hätte sie im Abstand von drei Jahren noch Zwillinge gekriegt, eineiige Mädchen, das hätte zunächst natürlich eine riesige Umstellung bedeutet. Hauptsache, sie waren gesund. Da wäre es natürlich nix mehr mit dem Beruf gewesen, aber die ewige Hinterherzieherei hatte ja auch gebremst.

»Kampfrausch«, sagte er unvermittelt, »dann packt uns der Kampfrausch.«

Sie blickte verständnislos.

»Da brüllt einer beim Vorwärtsstürmen und merkt gar nicht, daß er brüllt.« Hippel wollte ausholen, vor Jahren hätte unter Militärwissenschaftlern eine Debatte getobt, ob es den sozialistischen Kampfrausch geben *dür*fte, eine halbpazifistisch angekränkelte Gruppe habe ihn eine Zeitlang verworfen, sei aber an die Wand gequetscht worden. Einen aus Mecklenburg hatten sie verhöhnt: Am besten wirste Pastor! »Ich werde das in meiner Arbeit so formulieren: Der Angriff aufs Traditionskabinett wird schon in der Aufgabenstellung abgeschmettert. Die Übung muß

---

* Frunse – sowjetischer Revolutionsgeneral, 1885–1925

ganz klar so angelegt sein. Kurzer Schußwechsel, ein paar Aggressoren werden umgenietet. Ratz batz. Aus der Hüfte raus. Die rennen voll in die Scheinwerfer. Dann ein Kampfmeeting mit Schwur wie damals vor den Seelower Höhen.«

»Was für Höhen?«

»Vor Berlin«, belehrte er schwunglos. »Die mußten die Freunde stürmen im April fünfundvierzig. Zwischen Küstrin und Berlin, festungsmäßig ausgebaut. Vorher hatte Schukow* seine Rotarmisten auf die Fahne schwören lassen: Na rodina, na Stalina. Haste ja auch mal gelernt.«

Sie antwortete, ohne sich gänzlich sicher zu sein: »Auf die Heimat, auf Stalin!«

»Ich schreib also: Wir treten im Hof an, jeder legt die Hand aufs Traditionsbanner, und dann bekräftigen wir unseren Eid.«

»Jürgen, erzähl es nicht etwa Gero, sonst is der fixer.«

»Und dann pflanzen wir das Banner auf unser Führungsfahrzeug!«

»Besser bißchen weiter hinten.« Sie kam auf die Idee, zwei, drei Leichen neben der Fahne zu drapieren, erschossene Gegner. Oder eigene, um Wut zu erzeugen: ich hatt' einen Kameraden – mein Gott, rüffelte sie sich, was läßt du dich in diese Spinnerei ziehen, machst du das wirklich bloß, damit Jürgen besser dasteht als der Kupferheini? »Und das wollt ihr *prak*tisch üben?« Zwei Feindleichen im Staub, kreuzweise, Blut überall. »Sowas kippt leicht um.« Ihr fiel ein, wie sie bei einem Lehrgang der Zivilverteidi-

---

* Schukow – sowjetischer Marschall, eroberte Berlin und ließ Berija erschießen (Berija – siehe Lexikon)

gung den großen Atomschlag geübt hatten, Studentinnen der Theaterhochschule hatten sich in toller Bühnenbemalung in die Schutzanzüge gezwängt, mit grellroten Mäulern und Walleperücken unter den Helmen waren sie in die angenommene Strahlenkernzone hineinmarschiert und hatten gesungen: »Ein Jäger aus Kurpfalz«, und der Chefausbilder hatte sich in einen Tobsuchtsanfall gesteigert mit anschließendem Herzkollaps. Meldung an die Schulleitung, die Rädelsführerin hatten sie geext.

Ihr Blick glitt zum Nebentisch. Die Mädchen zeigten miserable Laune, nichts ungewöhnliches in dem Alter. Da wurde bockig, wer am Sonntagnachmittag von den Eltern mitgezerrt wurde. Schade, daß sie deren Auto nicht sehen konnte – ausm Westen? Die Mädchen waren rausgeputzt mit Dirndlartigem, das konnte von einer Oma von drüben geschickt worden sein. *Ihre* Mädchen hätte sie sportlich angezogen, die da waren zu angehübscht. Immerhin Turnschuhe, auf keinen Fall aus der HO. Marion wußte, daß sie sich nicht zu intensiv derlei Spintisierereien und Sehnsüchten hingeben durfte, das schlauchte. Bis zu Enkelinnen war es irre weit, wenn überhaupt.

Während der Rückfahrt versicherte Hippel, so langsam kriege er Hunger trotz des klasse Mittagessens und des Kuchens. Rostbrätl mit Bratkartoffeln, das wäre jetzt seine Welt. Da das ohne Bier nicht rutsche, müsse er warten, bis er zu Hause wäre. Tja, aber da harrte kein Fleisch für die thüringische Leibspeise im Kühlschrank. Abgesehen davon sei es ein enormer Sonntag gewesen. Wie aus dem Bilderbuch!

»Sollen wir sagen: Wie ausm Parteibuch?«

Das, fanden beide, wäre der Spaß der Woche.

Während sie durch den Kontrollpunkt und auf ihr Städtchen zu fuhren, überlegte sie, wobei sie sich die Zwillingsmädchen von eben vorstellte: Weiße, ganz kurze Leinenkostümchen, tennismäßig. Die Haare nicht anders, und wenn, dann seitlich ein Stückchen länger und im Nacken kürzer. Anja wäre viel*leicht* eher mit Sven zum Fußball gegangen der Bengels wegen. Zu Hause hätten sie noch ein Stündchen Mau-Mau gespielt. Der Vater mit. Welcher Vater?

15. Doktor, Doktor, Doktor

Das Finanzreferat hielt der Stellvertreter des Kombinatsdirektors; der Mann imponierte. Eitel schien er freilich
auch zu sein. Er war landesüblich feist, makellos rasiert
und haargeschnitten, in grünlichem Anzug, der zu eng
wirkte; neben dem Parteiabzeichen trug er einen größeren Brocken, sicherlich eine ausländische Auszeichnung.
Er erklärte soldatisch, was er ungeschützt in den Raum
stelle, sei keineswegs fürs Protokoll bestimmt, Mitschrei-
ben wünsche er schon gar nicht. Information über den
Tellerrand, wenn man so wolle. Alle wollten.

Rote Buchstaben prangten an der Stirnseite: »Mein Ar-
beitsplatz ist mein Kampfplatz.« Neben der Tür milderten
Plakate: Knapp bekleidete knackige Mädchen warben
für Motorroller aus Suhl, an denen sie feixend lehnten.
Hatten die Grafiker auf die BRD oder Schweden gezielt,
der dortigen Moral angepaßt, aber warum hingen sie
dann hier?

An die zwanzig aus allen Kombinatsbetrieben saßen
am langen Tisch, darunter zwei Frauen. Wenn Marion
Hippels Werkleiter nicht krank geworden wäre, hätte er
sich diesen Termin nicht entgehen lassen. Der Referent
war zehn Tage lang vor Ort gewesen, er schilderte Palmen und Kamele und einen Sonnenuntergang in der Wü-
ste, der ihm den Atem verschlagen hätte, ehrlich. Er wäre
ja nun kein Romantiker und hätte jeden Augenblick gewußt, *wen* er vertrat. Aber diese Purpurtöne, Lila zum
Boden hin und das Gold, wenn die Sonne in den Dunst
absackte. Orient, wohin du guckst. Kein Alkohol außer

in wenigen Hotels, dafür hatten seine Devisen sowieso nicht gereicht, worüber er sich natürlich nicht beklagen wolle. Er habe immer gewußt, warum er dort war, ehrlich.

Sein Thema umreiße das Finanzierungsgefüge. Relativ einfach gestalte es sich vor Ort, denn die Erdarbeiten würden zu einem Dollarkurs abgerechnet, der lächerlich klänge, in einem Entwicklungsland könne der Investor weite Spielräume nutzen. Dabei streckte er den Arm aus und wies mit dem Daumen nach unten. Ebenso unkompliziert sei es, wenn das Material auf dem Binnenmarkt der DDR zu Preisen der Volkseigenen Industrie beschafft werden könne. Ein Partner verhandele mit der Ungarischen Volksrepublik über spezielle Hölzer, da wäre eine verhexte Mischfinanzierung nötig, denn den Gulaschgenossen fielen ja immer neue Wippchen ein. Auf Hilfe der Sowjetunion sei im Moment wenig zu rechnen, Punkt. Diesen Satz warf der vortragende Genosse leicht unwirsch hin. Die Miene, mit der er danach in seinen Unterlagen blätterte, sollte wohl suggerieren: Genossen, Schwierigkeiten der Freunde können nicht unser Thema sein.

Noch nie hatte sie in einer derartigen Runde gesessen. Hier paßte das oft gebrauchte Wort: hoch angebunden. Die Zwischenfrage, ob es nicht klüger sei, von Ungarn nach Rumänien auszuweichen, wurde barsch zurückgewiesen. Finnland! Kompensation gegen Zucker, aber vielleicht reichte die Zeit nicht, das einzufädeln.

Sie dachte an ihr Travertin. Die Menge und Arten der Stähle, die sie besorgen sollte, hätte sie herunterschnurren können. Sie könnte auf Giffis Ratschlag in Eisenhüttenstadt vorfühlen, dort hatten Franzosen eine Walzstraße gebaut, es hieß, einiges wäre übriggeblieben. Vielleicht sollte sie hinterher unter vier Augen nachfragen.

Nun, Genossen, wende er sich dem Handel mit dem NSW zu. Schlachtkombinat Bagdad, eine klassenmäßige Herausforderung! Den Schweizern und den Kanadiern in zähen Verhandlungen abgetrotzt! Dringlichkeit Nummer eins. Nun das Vertraulichste, das Geheimste überhaupt: Es sei möglich, daß Genosse Honecker im Rahmen eines Staatsbesuchs den Schlachthof einweihen *könn*te! Bis dahin müßte der natürlich fertig sein. Blitzblank! Was nicht innerhalb der DDR und des RGW* beschafft werden könnte, müßte in den Austausch mit der BRD einbezogen werden, die Verrechnungseinheit mit ihr wäre immer noch günstiger als der Kauf auf dem freien Markt gegen hartes Geld. Findigkeit, Genossen! Das bedeute jedoch nicht, mit *Auslegung* zu operieren, mit gelindem Pfusch also. Weltqualität! Er danke für die Aufmerksamkeit und schlage eine Pause von fünfzehn Minuten vor. Na, da sie gut im Zeitplan lägen, erhöhe er auf eine Viertelstunde. Gelächter.

Sie stellte sich ans Fenster. Ein Werkhof wie üblich mit Autos und Kisten, es war ja nicht so, daß in Dresden Barock vor jedem Fenster protzte. Sie mußte zur Sprache bringen, daß ihr Betrieb so*fort* mit einer Teilfertigung beginnen *könn*te; auf verwickelten Wegen hatte sie aus Boizenburg Feinstes an Land gezogen. Dort montierten sie Werkstattschiffe für Wolga und Ob, und manchmal fiel

* RGW – Rat für gegenseitige Wirtschaftshilfe, lockerer osteuropäischer Verbund

eine Kleinigkeit ab. Seemäßige Exportverpackungen waren dort kein Problem.

»Und woher sind Sie?«

Sie wendete sich um und antwortete. Der Mann, der Älteste hier sicherlich, ergänzte sofort: Ach, der elektrotechnische Anteil des Projekts, sähe er richtig? Er sei für die Waagen zuständig. Wenn das Kamel tot am Haken hinge, oben an der Schiene, müßte es gewogen werden. Da oben! »Bloß gut, daß sie keine Elefanten schlachten. Ich möchte mal in der Praxis erleben, wie das zugeht.«

Sie sagte: »Tja.«

»Wiegen an der Decke! Nahe bei Allah.«

»Tja.«

Im zweiten Teil der Sitzung wurden etliche Kollegen aufgerufen, ihre Erfahrungen mitzuteilen, Marion Hippel nicht, was sie erst erleichterte, aber auf der Rückfahrt doch bedauerlich fand: Hätte ihr Ansehen aufpolieren können. Vielleicht beim nächsten Mal. Aber da fuhr der Werkleiter mit ihren Erfahrungen im Gepäck, und sie blieb als zuverlässiges Rädchen daheim. Kamele hingen also mit offenen Bäuchen und heraushängenden Zungen an Laufrollen sechs Meter über dem Hallenboden, auf den das Blut tropfte. Bei einer Hausschlachtung wurde das Schwein auf eine Leiter gebunden und hochgeruckt, zwei Männer waren dazu nötig. Scheußlich. Wer ein Kamel ausweidete, mußte auf einer Hebebühne stehen, oder sie arbeiteten mit überlangen Messern, mit Schwertern sozusagen?

Am nächsten Morgen erstattete sie Bericht. Der Ökonomische Direktor erklärte, die bedeutungsmäßige Abstufung der Zahlungsarten sei der letzte Keuchhusten. Wenn er das nicht seit hundert Jahren kapiert hätte, sollte man ihn in die Pförtnerbude versetzen. Nur dürfte niemand verlangen, daß *er* am Ende ausrechnen *könn*te, ob *Gewinn* gemacht worden sei. Gewisse Zinssätze seien geheim und nicht nur das. Er halte sich nicht für dämlich genug, um nicht genau zu wissen, wonach er in diesem hochsensiblen Bereich zu fragen hätte. Ende der Fahnenstange.

Gegen Mittag das Telefon. »Na, seid ihr alle munter da unten?«

»Grüß dich, Karin.«

»Ist gerade schön ruhig bei mir.« Eben sei sie zum vierten Mal in die DSF* eingetreten und habe dummerweise den Betrag für drei Monate im voraus berappt. »Und bei dir?«

Es mache Spaß in der neuen Arbeit. Sie könne gar nicht begreifen, es so lange bei der HO ausgehalten zu haben. Ihre Schwester fragte nach Urlaubsplänen und rühmte wie gewöhnlich ihre großartigen Kinder. Der Junge sei bester Geiger an der Musikschule, und Marion Hippel verzichtete auf die Frage, ob seine miese Haltung dabei nicht hinderlich sei.

»Was macht dein Jürchn?«

»Er wird Doktor.« Daß ihre Antwort ein Fehler war, begriff sie Sekunden zu spät.

Prusten, Kreischen. »Waaas wird er? Von *dem* laß ich mir *nie* den Blinddarm...«

»Doch nicht Mediziner, du Nuß. Eine militärwissenschaftliche Arbeit.« War der Zusatz ein Rückzieher? »Im Kollektiv.«

---

* DSF – Gesellschaft für deutsch-sowjetische Freundschaft

»Und da wird Jürchn *Dok*tor? Doch nich etwa an 'ner Volkshochschule?«

»Karin, das ist wohl kein Thema für dich.«

»Na dann! *Ich gra-tu-liere!*«

Tags darauf kurvte ein »Lada« auf den Hof, ihm entstieg Giefertfelder, braungebrannt und drahtig. Er schaute sich prüfend um, daß jeder sehen konnte: Da schaute sich einer *prüfend* um, dem nichts entging. Seine Leinenhosen fand sie scharf gebügelt und straff am Hintern. Er schnupperte im Korridor, an der Tür zum Lager und verkündete: »Ich rieche Travertin!«

Sie ging voran und wedelte Staub von der obersten Platte.

»Hübsch!«

»Bildschön! Wie edle Schlangenhaut.«

Er umrundete den Stapel, fragte nach der Stärke. Einheitlich, davon hinge eine Menge ab. Das sei sozusagen Vorbedingung.

»Wofür?« Mit einer Handbewegung bat sie ihn in ihr Zimmer. Wie nebenbei fragte er nach dem kleinen Laster – Fehlanzeige, er hätte es sich schon gedacht. Den geflochtenen Gürtel hätte sie ihm gern ausgeredet, wer trug denn sowas. Oder schon wieder? Ihr Geschmack war es nie gewesen.

»Und es schleicht voran?«

»Was mir noch immer nicht klar ist, Kollege, Sie hatten damals fünftausend Mark und ein bißchen mehr im Täschchen.«

»Wir sind eine PGH«, antwortete er gedehnt, »und sollen gewisse Starrheiten im großen Plan ausgleichen, sollen für *unsere Menschen* dasein. Wir hatten ein Zaungitter geschmiedet, fabelhafte künstlerische Arbeit, ich habe gegen bar geliefert.«

»An die VP?«

»Wie kommen Sie darauf?«

»Weil Sie es sagten.«

»Sagte ich?« Er legte den Finger an die Lippen. »Das Leben steckt voller Unwägbarkeiten. Vielleicht bestellte eine Zivilärztin? Der Sinn für Schönheit macht vor den bewaffneten Organen nicht halt. Ich kenne Gedichte über die Eleganz eines Panzers. Das schlanke Rohr...«

»Und mein Travertin finden Sie schön?«

»Reden wir noch mal über den Stahl, den Sie brauchen?«

Sie zog Listen heraus, er ging mit dem Finger die Positionen entlang, schnalzte und nickte. Ein schlauer Kopf, gefährlich auch. Wieder ein Mann in Reichweite, vorher Schlappi Friedeberg, der Blinde Seher, ein Fleischgeneral präsentierte Rindslende, mächtige Leiter in Dresden und hier, Norrmann stand auf der Matte, Sven probierte seine Kraft. Neuerdings das Forscherpaar Jürgen & Gero. Und sie konnte nicht Anja und die Zwillinge an die Hand nehmen und bestimmen: Jetzt bleiben wir ein Wochenende ganz unter uns, reden unsere Dinge über das richtige Leben, ihr könnt eure Freundinnen mitbringen und meinetwegen auch einen kleinen Bruder bis vier, fünf, aber ab sechs haben sie ja schon den öden Fußball im Kopf. Wir lassen euch Männer mit eurem Ehrgeiz und allen Orden draußen, wir wollen nicht mal Reisekader sein. Ein *Kerl* hatte vor der Wahlkabine gerufen: Ach, die Genossin

Hippel hat gerade gewählt! »Übrigens, ich werde über die Preissysteme bei diesem Auftrag eine Doktorarbeit schreiben.«

Sein Finger kam zur Ruhe, der Nacken erstarrte, ihr schien, die Öhrchen legten sich an wie vor einem Sprung. »Aha, und für wen?«

»Für Dresden.«

»Technische Hochschule? Donnerwetter.«

Noch war Zeit für spottendes Gelächter. Eine Flasche Rotkäppchen auf den Spaß, da lachten doch die Hühner, und der Hahn fiel von der Stange. Sekunden verstrichen, ihr Satz verfestigte sich. Doktor Major Hippel, Frau Doktor Hippel – nein, wir haben über verschiedene Gebiete promoviert, ja, beinahe gleichzeitig. Und Sven würde Doktor für Linkshänder.

»Wenn Sie wollen, Kollegin, könnte ich für Ihre Arbeit einiges aus meiner Praxis bieten. Eine PGH steckt ja noch in ganz anderen Parametern.«

»Das müßte mit dem Projekt Bagdad zusammenhängen. Mein Thema ist scharf eingegrenzt.«

Er zeigte auf die Liste. »Hier und hier?«

»Machen wir Nägel mit Köpfen. Rostfreie Nägel, versteht sich.« Schrauben, Unterlegscheiben – davon hatte sie inzwischen beinahe genug. Wertmäßig lag sie mit dem Travertin weit vorne, da würde der Partner allerlei nachschieben müssen. Wohin das feine Gestein geliefert werden sollte, kam nicht zur Sprache, das würde er abholen lassen, jedenfalls ginge es ordentlichst über die Bücher. Vertragsvorschlag an die beiderseitigen Buchhalter. Fertig war die Laube.

Danach hatte es Giefertfelder eilig, ihr war es recht. Mit dem Reinfall wegen des Doktorspaßes würde sie ihn irgendwann aufziehen, der lief ihr nicht weg.

Telefonate mit Boizenburg, Dresden, Suhl und Sömmerda, sie hatte Meißen und Wittgensdorf oberer Bahnhof in der Leitung. Gegen Abend Norrmann: Die Gelegenheit wäre nahe, die Post könnte abgehen, das Prachtstück stünde bei ihm auf der Abschußrampe. »Großartig! Sven ist aber erst nächste Woche wieder oben.«

»Und morgen treffen wir uns?«

Irgendwann war es ja nun so weit.

»Wie beim letzten Mal? Ich freu mich, Marion.«

Sie antwortete nicht: Ich mich auch. »Kurz vor drei?«

Sie saß eine zeitlang, ohne sich zu rühren. Eugen fühlte sich am Ziel. Die neue Küche besichtigen, dabei hatte er ihre Hand gestreichelt, und sie hatte sich nicht gesträubt. Sie waren erwachsen genug, zu erwachsen. Wenn sie nein sagte, kriegte sie den Buntfernseher trotzdem. So viel Stolz hatte er.

In diesem Café bestellte jeder nur eine Tasse. Er drückte sein Knie nicht intensiver an als sonst. Er trug einen Pulli mit deutlichem Ausschnitt, sie stellte sich vor, wie es gewesen war, wenn sie seine Wolle gestreichelt hatte, im Auto. Mit Sven war alles besprochen, die beiden würden den Riesenkarton in die Spedition schleppen, dann haute Eugen ab, und Sven deichselte die Sache weiter.

Nach einer Viertelstunde zahlte Norrmann, das erschien ihr fürs Vorspiel die angemessene Frist.

Das Treppenhaus war eng, irgendwo mußten Katzen sein. Er ging voran und machte im Flur Licht. Da

herrschte ein anderer Geruch und in der Küche ein dritter. Auf dem Tisch standen Weingläser, eine Schale mit
Westsalzstangen und Westerdnüssen, eine Vase mit Chry-
santhemen und ein Aschenbecher von Camel. Darüber
unter Glas: »Vorbildlicher Kraftfahrer 1975.«

Während er den Wein holte, sah sie sich um und versuchte dem Geruch beizukommen: Es war eine schwer
zu bestimmende Mischung aus Holz, Möbelfarbe, Norrmann und irgendwas noch. Irgendwie gelb. Während er
eingoß, wußte sie, es würde hier nichts werden. Beim Anstoßen lächelte sie nicht und dachte: Armer Eugen. Sie
lobte den Wein und bat um eine Zigarette. Der Gestank
in den Katakomben des Zentralstadions hatte sie geprü-
gelt, seitdem war sie endgültig ein Nasentier. Sie blickte
vor sich hin, als sie sagte: »Wir wollen friedlich deinen
Wein trinken, und weiter nichts. Es geht nicht. Vielleicht
erkläre ich es dir später.«

Er murmelte, sie müsse überhaupt nichts erklären. Da
küßte sie ganz schnell seine Hand.

16. Kuli überzieht immer

Nicht der Chef fuhr beim dritten Mal nach Dresden. Du hast doch das Problem im Griff, Marion. Hast die Sache prima angeleiert, jetzt ziehst du sie durch.

Der Stellvertreter des Kombinatsdirektors steckte wieder in dem zu engen grünen Anzug, hatte vielleicht das eine oder andere Kilo zugelegt. Warum die mittleren Funktionäre fast alle stämmig waren? Und am ehesten mit den Nerven runter. Herzinfarkt – geradezu eine Modekrankheit. Ihm sei aufgefallen, daß neben Bagdad der schon länger laufende Auftrag für das kleinere und weniger komplizierte Objekt in Ulan Bator nicht mit der gleichen Sorgfalt bedacht wurde. Materialmäßig würden nicht die selben scharfen Maßstäbe angelegt. Das durfte aber doch keinesfalls heißen, daß montagemäßig ein Auge zugedrückt werden konnte! Die mongolischen Kontrolleure waren weniger scharf als die sowjetischen, das dürfe aber niemals dazu verleiten, ein bißchen Pfusch durchgehen zu lassen! »Genossen, kadermäßig werden für eine Arbeit vor Ort andere Bedingungen gestellt wie gegenüber dem KA*. Da ahnen manche von euch Möglichkeiten. Zu recht! Aber die Kombinatsleitung wird jede Reise mit der persönlichen Anstrengung des jeweiligen Kollegen im Zusammenhang sehen.«

Was war da im Busch? Sie überlegte, was ihre beiden Männer daheim wohl sagen würden, wenn sie für vier Wochen in die Mongolei abdampfte. Das passierte natür-

---

* KA – kapitalistisches Ausland

lich nur, wenn sie einige der Kerle hier in die Tasche steckte. Bei ihr mußte alles schnurpsen. Sie durfte nicht als graue Maus und nur als Vertreterin ihres Betriebsleiters auftreten. Kaum hatte der Stellvertreter geschlossen, breitete einer aus, für jeden Genossen müsse es proletarisch-internationale Verpflichtung sein, den fernen Partnern, die in großen Sprüngen ihre Jurten verließen, in jeder Weise die Hand zu reichen. In Bagdad seien Devisen zu scheffeln, gut. Aber das Herz eines jeden Genossen, er scheue sich nicht, von Herz zu sprechen...

So hätte sie auch salbadern können. Wer hier nur ein bißchen weitschweifig wurde, machte sich keine Freunde. Sie mußte knapp melden können: Auftrag erfüllt, jedes Gramm an Deck. Wenn, sagen wir mal, fünf Genossen in die Mongolei delegiert würden, wäre mindestens *eine Frau* dabei, und die wäre dann *sie*. Das Jahr der Frau, sie sollte mal daran erinnern.

Schwungvoll der Referent: Lenin hatte gefordert, Wettbewerbe müßten öffentlich abgerechnet werden. Qualitätspaß, der monatlich verteidigt wird! Aufgabenstellung des 8. Plenums, allerdings dürfe Freundschaft auch in Richtung Mongolische Volksrepublik keine Einbahnstraße bleiben. Helfen wir, wie es sich für Internationalisten gehört, zumal wir, historisch bedingt, eine Epoche vorn liegen. Hohe Ziele zu realen Zielen machen! Mehr Antennenfüße für Autoantennen! In der Plandiskussion des nächsten Jahres müssen wir den Anteil von Produkten mit dem Gütezeichen Q auf 188,5 Prozent steigern. Vorwärts nach der Losung der Vertrauensfrau Barbara Nokaus aus dem Bereich Rohr: Kein Plan ohne Gegenplan.

Schließlich war es viertel vier* an diesem Freitagnachmittag, als der Stellvertreter des Leiters des Kombinats den Schluß der Beratung bekanntgab, die er richtungweisend nannte. Genossen, kommt gut nach Hause.

Sie hatte am Morgen die Abfahrtszeiten der Züge nach Leipzig notiert, in der Mittagspause hatte sich ein Kollege bereit erklärt, sie zum Bahnhof mitzunehmen – awwr klar doch. »Trabi und Schlaglöcher gehören zusammen wie Schwefel und Pech«, lärmte er frohgemut. Eine Umleitung meisterte er, indem er durch einen Betriebshof staubte – winkender Gruß an schimpfende Arbeiter. Man sähe sich wieder.

Der Bahnsteig war rammelvoll, über den Lautsprecher hörte sie, drei Waggons würden angehängt. Sie ließ sich im sofort einsetzenden Strom mitschieben. Um sie waren bestgelaunte, nicht gänzlich nüchterne Soldaten. »Wollt ihr Schnaps?« schrie einer und erntete donnerndes »Nein!« »Wollt ihr Weiber?« Wurde auch abgeschmettert. »Wollt ihr General werden?« »Niemals!« »Bier?« »Neiiiin!« *»Wollt ihr Urlaub?«* »Jaaa!« Mit denen zusammen in einem Abteil – gute Luft.

Ein Trittbrett kam vor ihr zum Halten, ein Fensterplatz war sicher. Noch bevor der Zug anfuhr, schloß sie die Augen. Zum Schlafen kam sie nicht, vermochte aber die Gedanken vom Sitzungskram wegzudrücken. Nicht mehr Kamele und wundersamer Stahl, sondern eine Einbauküche, die sie kürzlich in Erfurt gemustert hatte und die leider zu groß für die Wohnung war, die das Amt ihr in Aussicht stellen konnte. Eugens Küche – ein Spuk. Die

---

* viertel vier – 15 Minuten nach drei

Küche ihrer Kindheit, in der sie in gut zwei Stunden sitzen würde. Mutters Spruch: Ich hab gleich hier gedeckt, is doch gemütlicher, oder? Ein paar Abteile weiter sangen die Soldaten, es klang nicht einmal schlecht.

Oschatz, schon, wahrscheinlich hatte sie doch geschlafen. Der Zug kam auf Touren, hielt hinter Wurzen auf freier Strecke und quälte sich von Engelsdorf an Meter für Meter vorwärts. Hier draußen mußte der seine Laube gehabt haben, der – an den hatte sie ewig nicht gedacht. Allmählich fiel ihr ein, wie er geheißen hatte, wie er hieß, Dispatcher oder gar Leiter von irgendwas bei der Müllabfuhr, der Stadtreinigung, Moritz. Der Mann mit dem wundervollen Norwegerpullover. Bei den paarmal, die sie dortgewesen waren, hatten sie hinterher eine Weinflasche zwischen die Goldrute geschmissen und sich prustend ausgemalt, in tausend Jahren würden Ausgräber sie finden und rekonstruieren: Da hatte ein Liebespaar in dieser Laubenkolonie . . . War es Torschlußpanik, daß ihr bei so mancher Gelegenheit ihre Verflossenen einfielen?

Jetzt starb die Goldrute überall an Bahndämmen und auf Ödland und Trümmerflächen ab – wahrscheinlich gab es keine Stadt, zumindest keine, die sie kannte, die so von Goldrute beherrscht wurde. Vieles mußte an Bodenqualität und Klima zusammenkommen, daß sie sogar stärker war als die Brennessel, die anderswo alles erstickte. Feingliedrig die Dolde. Schmutzigbraun stand sie bis zum Frühjahr, dürrstengelig, keiner mähte das Zeug. Grün schob sich im Mai hoch, färbte sich, bis Gold durchbrach. Die Pflanze dieser Stadt. Man sollte dem Wappenlöwen ein Bündel Goldrute quer ins Maul stecken.

Im Hauptbahnhof sah sie nach, wann eine S-Bahn nach Blachwitz fuhr – der Plan war über und über mit Ergänzungszetteln beklebt, sodaß sie es aufgab. Also mit der Bimmel. Ihr Vater lag auf dem Küchensofa; er tat so, als ob er sich aufrichten wolle und stöhnte dabei so kraß, daß sie sofort rief, er solle doch um Gotteswillen liegenbleiben, was er augenblicklich befolgte. Wiewardie-Fahrt? Dukommstaberspät. Der Küchentisch war gedeckt, und sie wartete vergeblich, ihre Mutter würde sagen, hier sei es doch viel gemütlicher als in der Stube. Sie wusch sich am Küchenausguß die Hände, das Tuch daneben war feucht wie immer. Seit sie zum letzten Mal hiergewesen war, hatte jemand eine Kunststoffplatte mit Kachelmuster dahintergeklebt. Mutter: »Ich hätte dir doch ein frisches Handtuch geben solln!«

»Geht schon, Mutter.«

Ausschlafen am Sonnabend vormittag, in die Stadt mit Mutter, farbfrohe Handtücher aus Vietnam gekauft. Ihre Mutter erzählte, neulich habe in der Zeitung gestanden, man solle keine Schuhe verbrennen, um die Luft nicht zu verdrecken.»Übrigens, seit kurzem erfinden wir die Kräuterbutter.«

Ach ja, Mutter arbeitete neuerdings in der Molkerei hinterm Hauptbahnhof. »Die gab's doch schon bei der Oma. Mit Petersilie und Dill.«

»Und Knoblauch.« Ein Neuererkollektiv hätte sich verpflichtet, in der »Testlinie Kräuterbutter« Stücke von 125 Gramm zu entwickeln.

»Und was soll da Neues dransein?«

»Das Maschinelle. Eine Woche lang hab ich Knoblauch geschält, da stank ich gegen den Wind. Wenn ich in die Straßenbahn stieg, haben sich alle empört umgeguckt. Jetzt entwickeln sie eine Knoblauch- und Zwiebelschälmaschine. Und einen Dillhäcksler. Das ist alles nicht so einfach.«

»Vielleicht wirst du Aktivist.« Die Mutter lachte nicht. Rasch mit der Straßenbahn in die Thälmannstraße zur Schwester. Sie umarmten sich heftig. Ins Zimmer und in die Ecke mit den Sesseln am Klubtisch. Großgeblümte Tapete, Wandteppich aus Bulgarien. Die Kinder mit der Schule fort zu einem Chortreffen, oder war's ein Rollerrennen? Der Gatte auf Montage. Erzähl! Also Stahl und Kamele. Daß sie rauchte, merkte Marion Hippel erst, als sie die Kippe im Aschenbecher sah.

»Ich möchte dich ja gerne bewundern.«

Ernüchtert: »Dann mach's doch!«

»Bis nich eingeschnappt, Marion. Ich staune, was du alles schaffst. Ich möchte das selber nicht, und du hast es doch bisher auch nicht gewollt, oder?«

»Aber wenn die Möglichkeit...«

»Ich gönn dir *alles*! So weit war bisher keiner aus unsrer Familie. Fährst vielleicht in die Mongolei. Unsereiner kriegt seine Jahresendprämie. Mein herzlicher Mann bringt mal von der Küste einen Aal mit. Weißt du, daß ich Angst um dich habe?«

»Warum denn. In mein Leben kommt endlich Schwung.«

»Oder willst du's Jürgen zeigen?«

»Kommt jetzt das mit der tapfren kleinen Soldatenfrau?«

»Könnte. Mein Schwesterchen klettert die Leiter hoch.«

»Und du bist nicht eifersüchtig?«

Karin beugte sich heftig vor und legte die Arme um Marions Schultern und lachte lauthals. »Ich will doch bloß, daß du die Leiter nicht wieder runterfällst!«

»Werde schon nicht. Dafür reißen deine Kinder sämtliche Bäume aus, stimmt's?«

Karin lachte. »Noch 'n Likör?«

»Dann hau ich aber ab.«

Nachmittags blätterte sie in der Volkszeitung. Horst Schumann* besuchte den VEB »S. M. Kirow«. Reiseland DDR. Su. Wochenendhaus, biete neuw. Wartburg.

Pünktlich sechs Uhr schaltete ihr Vater die Sportschau ein. Ihrer Mutter erzählte sie unterdessen mit halber Stimme von Svens Freundin. Floristin, könnte in jeder Stadt Arbeit finden, war nicht zu spezialisiert. Huberty sei ihm als Kommentator immer noch am liebsten, nuschelte der Vater. Danach die Aktuelle Schaubude mit Marie Louise, auch Marion guckte zeitweise hin. Krabbenfischer in Husum, Fährschiff nach Trelleborg. Jetzt würde die Tagesschau folgen, vielleicht ginge sie derweil in die Küche und spülte Geschirr, aber ihr Vater schaltete auf Ost um. Dollar und BRD-Mark wackeln gemeinsam. Ein bunter Abend aus dem Harz begann, Volksmusikanten hüpften, doch eine Viertelstunde später zog der Herr dieses Apparates – und *sie* riß sich ein Bein aus, um ihm einen Buntfernseher zuzuschanzen! – »Einer wird gewinnen« mit Kulenkampff vor. Kuli, so nannte ihn ihr Vater vertraulich, schwor, keinen der Teilnehmer vorher auch nur eine Sekunde lang gesehen zu haben. Schlecht war

---

* Horst Schumann – 1. Sekretär der Bezirksleitung Leipzig der SED

die Sendung nicht gemacht, das mußte man denen lassen, etwas Vergleichbares könnte man auch im Osten veranstalten mit Teilnehmern aus Moskau, Prag, Rumänien und vielleicht sogar aus Finnland und Schweden, man schmorte im eigenen Saft. Immer wieder Rostocker Hafenbar. Manche Fragen hätte auch sie beantworten können, von anderem hatte sie keine Ahnung, von französischen Kathedralen zum Beispiel, dafür würden die da noch nie von der Tulpenkanzel im Freiberger Dom gehört haben. Ihre Mutter fing ein neues Thema an: Beide seien nun Rentner, deshalb würden sie überlegen, ob sie nicht mal einen Freund ihres Bruders besuchen sollten. Heinz wäre noch nicht zweiundsechzig, dessen Freund hätten sie zur Messe kennengelernt, und der habe sie zu sich *eingeladen.* Wirklich nicht so nebenher, wie das manchmal passiert, sondern *herzlich.* »Soll ja schön sein im Schwarzwald.«

Wenn das kein Hammer war. »Und wie wollt ihr das anstellen?«

Peinlich schien das Thema ihrer Mutter keineswegs zu sein, ungewohnt allerdings. Ihr Vater ließ sich vom Raten der Bretonen, Schotten und Steiermärker ablenken und ergänzte, der Freund vom Heinz hätte ein Haus mit Holzveranda und *zwei Garagen*; auf den Fotos sähe alles toll aus, und gleich dahinter der Wald, eben der Schwarzwald, und Bernd würde sie mit dem Auto in Freiburg abholen.

»Vielleicht macht der das mit allen so? Kostet doch nichts, zu sagen: Wenn Sie mal drüben sind, besuchen Sie mich! Und dann geben sie an mit ihren Segeljachten.« Der sympathische Grieche schied gerade aus, jetzt wuchteten sie einen Sportwagen auf die Bühne, so'n hüfthohes Protzding, jede Schraube handgemacht, Edelholz innen und Sitze aus Juchtenleder, aus dem man sonst Handschuhe näht. Zwei Frauen sollten erraten, wie viel *Hub*raum der Schlitten hätte, und zur Freude des Publikums hauten sie enorm daneben.

»Die beiden sind nicht so«, antwortete die Mutter. »Er war Polier aufm Bau und sie in der Stadtverwaltung, ihre Kinder sind raus, und nun sitzen sie allein in dem großen Haus. Waltraut und Bernd, also die beiden, sind kurz vor der Mauer rüber, und jedesmal zur Messe besuchen sie ihre Leute, und wir haben sie schon zweimal getroffen.«

»Dreimal.«

»Bernd hat sich drüm nicht verrückt machen lassen. Und außerdem wählt er S P D.«

»Und wie wollt ihr das anstellen?«

»Ich gebe an, Waltraut is 'ne Kusine von mir.«

Jetzt wurden Fahnen aufgehängt und einem Kandidaten die Augen verbunden, einen anderen sperrten sie in eine schalldichte Kabine. »Seid ihr denn von allen guten Geistern verlassen? Ihr wollt wohl sogar schriftlich...? Mein Gott, was ist denn bloß in euch gefahren!« Ihr Vater guckte böse und drehte den Ton leiser, dann gleich wieder lauter, so daß Kulenkampff schrie: »Italien, großartig! Wenn Sie mir jetzt noch verraten, wie der Schöpfer...« Vater ließ Kuli verstummen. »Das machen wir so, wie *wir* wolln, klar? Denk mal nicht, daß wir wegen dieser Sache deinen Mann oder dich *fra*gen. *Wir sind Rentner* und dürfen, und da fahrn wir, basta.«

»Mit einer Fragebogenfälschung.«

Die Mutter: »Die bohren gar nicht nach. Die notieren das, niemand muß etwas beweisen.«

Der Vater: »Und warum? Weil die oben wolln, daß möglichst viele Rentner fahren. Wer vier Wochen lang fort bleibt, ißt hier keine Butter und verbraucht keinen Strom. Das isses, Marion.«

·Traurige Wut stieg in ihr auf. Jürgen hätte jetzt gesagt: Wir halten vorne den Kopf hin, wir sorgen Tag und Nacht dafür, daß ihr in Ruhe zum Klassenfeind fahren dürft. Ihr laßt euch Eduscho und Strumpfhosen schicken, und wir zahlen im Ex den fünffachen Preis. Ließen sich vom Staat jeder zehn Westmark schenken. Vielleicht noch heimlich in die Schweiz rüber. »Und ihr habt euch nicht überlegt, in welche Falle ihr da schliddert? Jürgen und ich geben stets an: wir haben keine Verwandten im Westen. Und plötzlich beschert ihr Jürgen 'nen Großonkel in der BRD, so ist doch dann das Verwandtschaftsverhältnis? Sie zitieren ihn zum Kommandeur, Jürgen versichert natürlich: Von Westverwandtschaft keine Spur. Und euch haben sie am Wickel. Unwahre Angaben zur Erschleichung eines Vorteils. Zehn Mark West aus der Staatskasse geklaut sozusagen.«

Kulenkampff rief die beiden Letzten zur Endausscheidung, die Frau erklomm den heißen hohen Stuhl. Wie stellte man Spaghetti her? Bei der Fabrikation von Makkaroni, also wenn man die Makkaroni ausbohrte, blieben Spaghetti als Restprodukt übrig. Das sei natürlich ein Ulk der minderen Sorte, ein Kalauer südlicher Art. Aber es gehe in der Tat um Italien. Also! Kuli schaute bedeutungsschwer auf seinen Zettel.

»Daran haben wir noch gar nicht gedacht«, murmelte der Vater, die Mutter kramte nach dem Taschentuch in der Sofaecke. »Kann sein, daß du recht hast.«

Nach einer Weile der Vater: »Kuli überzieht immer.«

17. Bob und BoB

Die Trainer waren zu dritt und sprachen mit unverteilten Rollen; sie wiederholten die Ergebnisse ihrer Analysen, als wirkten diese dadurch weniger schmerzhaft. Du wirst schon gemerkt haben. Vor einem Vierteljahr etwa, wir sind selber zu spät draufgekommen. Vielleicht hätten wir eher. Der Grund, die Gründe – was meinst *du*? Passiert jedem mal, dürfte aber nicht. *Darf nicht*! Nur wer die ganze Zeit so trainiert, daß's wehtut, bleibt oben. Benno, Heiko fast immer, aber sieh mal.

Sven sah immer den an, der redete. Er wurde nicht gefragt und stritt nichts ab. Sie hatten mit allem mehr oder weniger recht, meistens mehr. Hundertprozentig hatte er selten trainiert, weniger als achtzigprozentig aber kaum. Diese Kraftmaschinen waren nicht zu bescheißen, da genügte ein rascher Blick. Wenn du unser Gespräch so nimmst, wie's gemeint ist, als Ansporn. Kann sein, daß die neuen Trainingsmethoden für dich zu plötzlich gekommen sind. Aber die anderen haben ja auch! Wäre falsch, wenn du Benno gegenüber – aber du *mußt zugeben*. Wir ham über die Zusammensetzung vom Juniorenbob I intensiv beraten. Nächste Woche ab nach Zakopane ins Höhentraining. Na*tür*lich ist es gut, wenn du erst deine Berufsausbildung abschließt. Mit anständigen Noten, du brauchst dir nix hinterherschmeißen zu lassen. Genaue Aussprache heute. Alle Karten aufn Tisch, ist doch besser, als wenn wir um den Brei, Sven!

Er wartete, daß zwei Begriffe fielen: KJS* und Internat, er hoffte auch noch, als alle Vernunft dafür sprechen mußte, das Bisherige schlösse jede Berufung aus. Fürs erste zweite Reihe. Wir helfen, klar, kannst jederzeit. Vielleicht beraten wir einmal gemeinsam mit deinen Eltern, ist überhaupt eine gute Idee. Zwischen dir und deinen Eltern ist alles – ja, *du* machst einen Vorschlag für den Termin. Nach der Abschlußprüfung? Spätestens *dann* planen wir weiter. Bis dahin nimmst du am Training teil wie bisher, 'türlich. Is auch für uns nicht einfach, oder? Das Wochenende haste erstmal frei.

Dann stand er draußen, die Straße und der Internatsblock waren wie immer. Tschüs Corinna Dampezzo. Die anderen in Zakopane, er am Zementmischer. Er im Sperrgebiet, das blieb nun alles mindestens ein weiteres halbes Jahr so. Benno würde nicht feixen, die anderen schon, Heiko voorneweg. Benno, der sture Bock. Er würde mit Gitti und Gummi in die Disko rammeln, morgen abend. Würde sich besaufen. Würde heute zu Hause kein Wort sagen.

Er blickte in ein Schaufenster mit Waschmittelpackungen, fünfzig Pakete Spee, das Gute. Allmählich begriff er, daß sich so bald nichts ändern würde; wenn drei Trainer so schwafelten, hatten sie ihn abgeschrieben. Das Gemeinste war, daß sie sich angeblich einen Teil der Schuld selber auf den Hals luden: Wir hätten eher und dieser Scheiß. *Er* hatte sich geschunden, Benno noch elender, dafür war Benno eben wie'n Panzer, wie zehn Kraft-

---

* KJS -Kinder- und Jugendsportschule

maschinen, wie 'ne Rinderherde in Mecklenburg. Der hätte auch Gewichtheber werden können.

Also in den Bus, am Montag wieder hoch, und wenn nicht? Wenn er in einer anderen Sportart ganz groß rauskam, wenn diese Trainerärsche eines Tages in jeder Zeitung lasen: Sven Hippel Weltmeister im Rudern oder im Kugelstoßen, na, dazu war er nicht massig genug. Vielleicht sollte er sich in Suhl bei den Ringern umschauen, Kraft und Schnelligkeit brachte er mit, die paar Griffe ließen sich lernen. Dort ging es nach Gewichtsklassen, da könnte er runtertrainieren, wenn ihm einer im Weg stand.

Diesmal schlief er nicht im Bus, sondern spann seine Geschichte weiter: Die Suhler machten ihn schneller, geschmeidiger, im Halbschwer klaffte eine Lücke, dahinein stopften sie ihn: Mensch, wenn du nicht gekommen wärst, *genau* dich brauchen wir gegen Bulgarchn. Das stand in der Zeitung: Hippel rettet Länderkampf! In Oberhof lasen sie das, aus Altenberg kam ein höhnischer Anruf: Ist das etwa *euer* Hippel? Vor Wut jagten die Trainer den Kader zweimal über die Höllenstrecke, und Benno klatschte vor Schwäche der Länge nach in den Matsch.

Zwei Stunden früher als sonst stieg er aus dem Bus. Schade, daß er nicht alle Klamotten aus dem Spind geräumt hatte. Am Montag pfiff er aufs Training. Das war ja nun das mindeste, daß er eine Pause einlegte und irgendwann in aller Ruhe erklärte: Mußte mir das ganze erstmal durch den Kopf gehen lassen. War ja auch möglich, er ließ sich zur Fachschule delegieren, zum Meisterlehrgang oder in diese Richtung. Er sollte zu Hause mal gründlich über alle Möglichkeiten bei der NVA reden, das hatte er bisher abgeblockt. Sollte die Lage so einschätzen: Auf einmal gab es eine Menge Möglichkeiten.

Vielleicht war Gitti schon zu Hause. Aber ihr Bruder öffnete und sagte gleich: »Wie siehst denn du aus!« Nee, wann Gitti käme, wäre unklar, sie war wegen irgendwas in Meiningen, er hatte nicht richtig zugehört. »Mensch, komm rein!«

Sie hockten sich unter die Unmengen von Westzigarettenschachteln, und Sven berichtete. Das seien doch alles Schizos dort oben, lärmte Gummi, und merkte Sven denn endlich, daß er selber nisch wie schizo gewesen war all die Jahre? Na*tür*lich mußte jeder raus aus dem Nest hier, deswegen ginge er ja zur Armee. Aber doch nicht in den Leistungssport! Bei der NVA hätte er eine solide Perspektive, Panzerinstandhaltung mit geregelter Dienstzeit und Beförderung und steigendem Gehalt. Wenn er Schwein hatte, kam er nach Leipzig oder Dresden, na, vielleicht auch erst in die Taiga an der polnischen Grenze. Aber Sport! Endlich begriff Sven selber: Gefeuert von einem Tag auf den anderen. Wenn er jetzt nichts kapierte, wann denn dann! Die Klamotten holen und klarmachen: Hab neue Perspektiven im Betrieb oder so, vielleicht ruf ich in ein paar Wochen wieder an. Ganz clever über die Schulter abrollen lassen. Aber morgen in die Disko. Er würde erleben, wie ihm die Massen zujubelten, wenn sie hörten: Sven hat denen ihren Mist vor die Haustür gekippt. Mußte ja nicht jedem auf die Nase binden, wer in dieser Schizosache den Hammer hatte fallenlassen. Jetzt war er voll beim Volk.

Ein Bier? Sein Vater hätte immer ein paar Pullen im Kühlschrank, eigentlich dürfte er da nicht ran, aber jetzt wäre der totalste Ernstfall, und bis zum Abend könnten sie für Ersatz sorgen. »Mann, Sven, das mußt du als Chance von Freiheit begreifen. Endlich mal Zeit, am Wochenende 'ne Garage oder 'nen kleinen Puhl hinzuzaubern, zehn Mark die Stunde sind kein Dreck. Sven, wennste willst, mach ich bei dir für fünf Mark den Hilfspumpl. Na, für acht.«

Zwei Flaschen schütteten sie weg, die waren sauer – wäre natürlich ein Problem, das am Abend zu beweisen. Konnte keiner, es sei denn, sie bewahrten die Pisse irgendwie auf. Als ihnen das einfiel, war natürlich alles schon im Ausguß. HB hätte eine neue Packung rausgebracht. Für die müßte der richtige Platz gefunden werden. Sieben verschiedene HB hatte Gummi schon, ein uraltes Ding dabei, und drei Stangenkartons. Wirkte am besten, wenn er die einzelnen Marken beisammenließ, als Inseln sozusagen.

Nach einer Weile machten sie sich auf, um Bier zu holen und überhaupt. Durch Gassen zum Freibad, das längst geschlossen war. An Hecken entlang zu dem Grasplatz, auf dem sie vor kurzem gebolzt hatten. Diese schlampige Thekentruppe mußte gewinnen, alles alte Kreisklassenhengste mit tollem Ballgefühl, die hatten die anderen aus dem Stand fertiggemacht. Gummi und Sven setzten sich auf die einzige noch nicht zerkloppte Bank und tranken die beiden letzten Flaschen aus ihrem Netz aus; nun hatten sie nur noch Leergut.

»Mensch, ich sollte heute nachmittag 'nen Karton wegschicken! Total vergessen. Einfach weg.« So ganz genau ging das Gummi natürlich nichts an. War schon 'ne Granate, wochenlang war vom Buntfernseher die Rede, zwei

Stunden vorher nahmen ihn die drei Großschnauzen in die Mangel und quetschten alles andere aus seinem Nischel raus. Da rauschte er mit dem Bus runter und stellte sich nicht an die Spedition und wartete auf den Karton für Opa, der's im Kreuz hatte. Aber das mußte nicht rauskommen, er erzählte zu Hause, die Trainer hätten ihn bis zum Abend belabert; wo er jetzt war, würden sie nie rauskriegen. Das war jetzt alles wie verdorbene Bierpisse.

Sie tauschten die leeren Flaschen gegen volle, die sie Stück für Stück gegen das Licht hielten. Drei stellten sie zurück, das Zeug war trüb, sollte sich sonstjemand andrehen lassen. »Laß mal die Luft aus dem Glas«, fiel ihnen ein, das paßte nicht, sie wechselten ja die Flaschen aus. Zur Bank gingen sie zurück und nahmen sich vor, hier nur noch ganz wenig zu trinken, und dann den Kühlschrank aufzufüllen. Vielleicht war Gitti bis dahin zurück.

»Wenn ich Montag nich hochfahr, das is Freiheit.« Und wenn sie plötzlich merken, daß sie einen Fehler gemacht haben? Wenn Benno sagt, das könnt ihr mit Sven nicht machen, ohne Sven für mich kein Vierer! Solidarität, alle ausm Bob gegen die Trainer.

»Für mich is Freiheit, wenn ich erstmal ausm Sperrgebiet raus bin. Und zweitens und letztens, wenn ich, sagn wir mal, in Dresden als Feldwebel meinen eigenen Reparaturbereich hab, muß gar nich Panzer sein. Inner Transportstaffel. Da wirst du der größte Fuchs, da nimmt dich hinterher jeder Betrieb mit Kußhand. Und dann nochmal Freiheit: Entlassen aus der NVA mit den besten Zeugnissen, Fuhrparkleiter. Wohnung, Elbblick. Und du besuchst mich mit Gitti.«

Sven, mein Schwager, hatte Gummi in der Disko schon zweimal vorgestellt. Corinna Dampezzo verschwand in den Wolken über den Dolomiten, hau ab, haut ab, ihr Westbienen aus Westgermanien.

»Freiheit«, Gummi konnte sich nicht sattquatschen. Die letzte Wärme war inzwischen fort, abgehauen mit der Sonne in die BRD, die beste Luft fürs Bier kam jetzt von den Bergen runter. Zu Hause würde es Zoff geben, mehr vom Genossen Vater, der sich sofort 'nen Kopp machte, jetzt würde er nie mehr Oberst oder mit der Doktorspinnerei wäre es aus. Das sollte er Gummi nicht auf die Nase binden und noch nicht mal Gitti, das war vielleicht 'n Bolzen. Hinterher, immer hinterher.

»Freiheit is auch, wenn ich in Dresden meinen eigenen Kühlschrank hab mit meim eignen Bier.« Den Bob habe Sven hinter sich, aber vielleicht etwas vor sich, das ganz ähnlich geschrieben würde, nämlich BoB, Berufsoffiziers-Bewerber. Niemals BuB, Berufsunteroffiziers-Bewerber, dafür meldeten sich nur Sadisten. Hauptsache erstmal melden, dann mit dem Wisch bei der GST für schlappe achtzig Mark den Führerschein machen und später grinsen: Hab mir's anders überlegt. »So 'ne Meldung is doch bloß gut zum Arschabwischen. Bist noch nich achtzehn! Macht jeder dritte so! Aprilapril.«

Ein Bier noch, dann war Sense. »Mann, muß ich schiffen.« Und Rache. Denen ein Ding vor den Koffer knallen, das sie umschmiß. Einer aus seiner Klasse hatte mal SS-Zeichen in die Toilette geschmiert, und als sie ihn griffen, wußte er nichts über die SS oder wer das Hakenkreuz erfunden hatte, Himmler oder wer. Er war so strohdoof, daß niemand rauskriegte, warum er das gemacht hatte,

bis er bei der dritten Vernehmung auspackte: Er hatte genau gewußt, daß nichts und nichts die Pauker und den
Pionierleiter und den Direktor so auf die Palme brachte
wie etwas, das mit den Nazis zu tun hatte. Das war primitiv, er würde sich Dinger einfallen lassen, die sie fertig
machten, daß sie sich in den Hintern bissen, die Trainer
und sein Genosse Vater vielleicht gleich mit, denn der
würde ihm bestimmt keine Sekunde lang helfen, der
hetzte diesmal nicht hoch nach Oberhof. Er würde genau
so sülzen: Such den Fehler vor allem bei dir! Jetzt gab es
nur noch eins: Rache für Corinna!

*

Der Traum begann mit einem Gang über feinen Sand,
der unter den Sohlen seiner Halbschuhe eher seufzte als
knirschte. Düne, abfallend zum Meer. Seufzersand, zu
dem Stiefel nicht gepaßt hätten – die gehörten zu Kies
und Schotter. Diesmal trug Hippel keine Mappe, sondern ein Köfferchen, Köffer*chen*, es kam ihm schmiegsam
vor wie aus Katzenleder. Was darin war, wußte er nicht.
Wußte vielleicht Gero, was ihn wurmte. Aber sicher war
das nicht, also konnte er den Koffer nicht übers Mäuer-
chen schmeißen. Drei Offiziere zeigten auf ihn, einer
lachte. Einmal hatte der Traum hier aufgehört, einmal
hatte er siedendheiß gefürchtet, er müßte das Köfferchen
öffnen, und vielleicht wären nur alte Socken dringewesen
oder Putzschnüre fürs Waffenreinigen. Da sprang das
Köfferchen auf, Buchstaben und seltsame Stachelkobolde hüpften heraus, die Buchstaben waren aus Gußeisen,
er versuchte sie mit einer Rohrzange zu packen wie in

alten Lehrlingstagen, es war gut, daß er wieder einen Schlosseranzug trug. Die Stachelkobolde mit ihren Gesichtsfratzen höhnten: Genitiv, Genitiv! Gero fuchtelte, Gero schrie: Die Präambel ist angenommen!

Das Telefon. »Kupferblech.«

»Ja, Gero?« Beinahe hätte er gesagt: Hab eben von dir geträumt.

»Mußt sofort runterkommen. Befehl vom OvD.«

»Was is?«

»Befehl. Sofort.«

»Viertelstunde.« Zu seiner Frau, die halb die Augen öffnete, sagte er, wahrscheinlich zögen sie eine Alarmübung durch, die wäre längst fällig. Kurz nach Mitternacht, die beste Übungszeit. In den anderen Wohnungen blieb es still, also kein allgemeiner Alarm. Auch im Treppenhaus hörte er nichts.

Die Nacht war mondhell, der Himmel streifig. Solange der Weg glatt war, rannte er. Weit links, vermutlich im Nachbarabschnitt, stieg eine weiße Leuchtkugel hoch und versackte hinter dem Wald; ihr Schein hielt sich noch eine Weile an der Unterseite einer Wolke. Wenn jemand die Zeit zwischen dem Wecken und seiner Meldung bei der Wache stoppen würde, schnitte er glänzend ab. Wahrscheinlich blieb er unter dreizehn Minuten. Weniger war bei keinem drin.

Auf den letzten flachen hundert Metern legte er einen Schlußspurt ein, beim Austrudeln knallten seine Stiefel aufs Pflaster, die Mauer warf den Schall zurück. Ein Unteroffizier stand in der offenen Gittertür. »Genosse Hauptmann, Sie sollen sich sofort beim Genossen Oberst melden. Jawoll, Dienstzimmer.«

In der Wachstube warteten zwei Soldaten, einer hatte vor einem Vierteljahr einem Mercedes hinterhergeglotzt. Sie saßen breitbeinig, angelehnt und stierten zu Boden. Eigentlich hätten sie melden müssen. Hippel nahm sich nicht die Zeit, sie aufzumischen; andermal.

Während er sich befehlsgemäß zur Stelle meldete, erhob sich der Oberst. Neben ihm stand Kupferblech auf. Die beiden waren so ernst, daß Hippel meinte, er sollte in der Haltung bleiben, die er bei der Meldung eingenommen hatte.

»Wann hast du deinen Sohn zum letzten Mal gesehen?«

»Gestern nachmittag. Besser: abends.«

»Heute nicht?«

»Nein. Hatte Training.«

»Und deine Frau?«

»Auch nicht. Wir haben gewartet.«

Der Oberst setzte sich, Kupferblech blieb stehen. Hippel merkte, daß sich seine Hände krampfartig ballten. »Bis zehn jedenfalls war er fort. Jetzt hab ich nicht nach ihm gesehen. Hab auch nichts gehört.«

»Was meinst du, wo er gewesen sein könnte?«

»Mit seinem Mädchen . . . «

»Was hast du ihm über die Lichtschranke verraten? Und daß sie ausgeschaltet werden kann? Und daß Genosse Kupferblech sie heute ausgeschaltet *hat*?«

»Natürlich kein Wort.« Außerdem hatte er das gar nicht gewußt, in diesem Teil der Planung steckte er nicht, aber er hätte es erfahren können, wenn er . . . Jetzt nicht verteidigen, er wußte doch gar nicht, warum er herbefohlen worden war.

Der Oberst blickte Kupferblech an, der sagte: »Eine Streife hat deinen Sohn festgenommen. Da hatte er die ausgeschaltete Lichtsperre gerade hinter sich und war bis auf zweihundert Meter an den Zaun heran. Angetrunken oder betrunken.«

Stille, Warten. Hippels Hände öffneten sich, er hob sie an und ließ sie fallen. Der Oberst schnippte die Daumen gegeneinander, das war für eine Minute das einzige Geräusch. Ob Genosse Hippel bei seiner Aussage bleibe? Das Wort Aussage wirkte kalt, als fragte der Staatsanwalt. »Jawoll, Genosse Oberst.«

»Wir werden ein Protokoll aufsetzen. Alle Fakten. Genosse Kupferblech formuliert. Umfassend. Du hältst dich zur Verfügung.«

»Ist Sven . . . «

»Was?«

»Verletzt?«

Kupferblech wendete sich zum Oberst, als erwarte er von ihm die Bestätigung, daß er antworten sollte. Darüber verging eine Zeit, die Hippel nicht zu messen vermochte und die er als grausam empfand, als Folter, so ging man mit einem Feind um und nicht mit einem Genossen, was auch immer passiert war.

»Das nicht. Er hat keinen Widerstand geleistet und ist sofort stehengeblieben.«

»Also das Protokoll. Könnt ihr hier machen. Die Genossen von der Streife sind noch unten?«

Hippel hätte antworten können, daß er sie in der Wachstube gesehen hätte, und einer hieße Poschinski. Er schaute Kupferblech an. Später wunderte er sich über den Gedanken dabei: *Der* würde bestimmt Doktor werden. »Und du versprichst mir, daß Sven nicht verletzt ist?«

»Ehrenwort, Jürgen.«

Plötzlicher Schreck, härter als alles vorher. »Nicht ver-*letzt*, das soll doch nicht heißen...«

»Nun dreh nicht durch, Jürgen! Mit deinem Sohn ist alles in Ordnung, alles in Ordnung!«

18. Immer mitm Abzeichen

Die Stimme des Blinden Sehers wirkte so heiser, als ob zur Schwäche der Augen eine bösartige Stimmbandreizung hinzugekommen wäre. Marion Hippel hatte vor Jahren einen auf einer Parkbank sitzenden aufgeschwemmten Mann nach dem Weg gefragt, die Antwort hatte sich röchelnd und blechern aus einem Schlitz am Kehlkopf gequetscht, daß sie, sich erschrocken bedankend, geflüchtet war; wenigstens ersparte ihr heute das Telefon den Anblick doppelter Hinfälligkeit. »Dein Termin beim Bezirksstaatsanwalt steht am Montag, fünfzehndreißig. Beim Parteisekretär. Eine Ausnahme, du weißt!«

Sie bedankte sich knapp. Damit war das Gespräch zu Ende, und sie bezweifelte, ob der Seher etwas hinzugefügt hätte, wäre er bei Stimme gewesen. Einer Genossin wurde ein Zugeständnis gemacht, zu dem die Partei keineswegs verpflichtet war. Ein Bezirksstaatsanwalt zu allerletzt. Die Partei erlaubt den Fehler und verzeiht ihn – so ungefähr.

Sie entschied sich für ihr Kostüm, an dessen Revers sich ein Parteiabzeichen noch am normalsten ausnahm. Damit hatte sie schon beim Vorstellungsgespräch Glück gehabt. An einem Sommerkleid oder einer Bluse hatte sie ein Abzeichen immer als aufdringlich empfunden. Sie probierte, ob neben das Abzeichen – der kleinsten, beinahe niedlichen Ausführung – eine Brosche paßte. Könnte als Ablenkungsversuch aufgefaßt werden.

Am Vormittag ging ihr die Arbeit schlecht von der Hand. Sie schnauzte ihre Kollegin an und entschuldigte sich sofort, wobei sie überzeugt war, daß die Trantute den Anpfiff mehr als verdient hatte. Der Werkleiter fragte nach einem Dutzend Zahlen, sie belehrte ihn nahezu herablassend, die gehörten in die Zuständigkeit des Kombinats. Für elf wurde eine Abteilungsleiterkonferenz mit dem Ziel anberaumt, sich einer Vorlage anzunähern, ob der Jahresplan abgesenkt werden müßte. Das hatte sie kommen sehen. Die Prämien hingen davon ab, und wer konnte schon verantwortlich gemacht werden, wenn sie in Materialengpässen steckenblieben? Daß der Plan nicht zu erfüllen war, erschien angesichts der enormen Kosten durch das Bagdad-Projekt unausweichlich. Die IWP* war unrettbar in den Keller gesackt. Der Stellvertreter des Werkleiters, der ihr den Termin nannte, rief abschließend: »Planabsenkung is doch keine Schande!«

Ein Lkw rollte auf den Hof. Der Fahrer debattierte mit dem Pförtner, Papiere in der Hand. Sie ging hinaus in der Ahnung, daß etwas im Gang war, sanfter Druck bildete sich in der Magengegend, das Gespür des Fuchses. Vielleicht lud der Fahrer drei, vier, fünf Gabelstapler ab, selten wie Mondfähren. Sie mußte schlucken, als er sagte: »Ich komm aus Boizenburch.«

»Vonner Werft?«

Er hielt Frachtscheine hin, die sie überflog dann erstarrte und begriff Zeile um Zeile: Das war *der Hammer* und das Ende aller Mühe, der Garant für eine saftige Prämie, der Himmel tat sich auf und schüttete Goldtaler, die gütigste Fee breitete ihren Blütenmantel um die Schultern des Materialgenies M. H., und der Fahrer war

---

* IWP – Industrielle Warenproduktion

der Märchenprinz schlechthin. »Da wolln wir mal abladen.«

Der Fahrer knurrte, er hätte es eilig und müßte eichntlich längst sonstwo sein.

Sie paßte auf, bis das letzte Kistchen auf der Rampe stand, hakte sorgfältig ab, addierte ungläubig und fing noch einmal von vorne an. Fürs Modern Slaughterhouse Baghdad zog sie Bolzen und Schrauben, Dübel, Rohre und Bleche aus V 2 A-Stahl an Land, seltsamerweise auch Metallteile für eine Holzrutsche (wood slide), na, dafür würde sich schon ein Abnehmer finden. Kipphaspeln – was war das? Manchmal haute das Glück dermaßen auf die Pauke, daß es bis an den Horizont rumste. »Gute Fahrt, Kollege!«

Sie holte ihre Mitarbeiterin aus dem Kabuff und wies sie an, bei der Einlagerung dabeizubleiben und alles einzuschließen. Zwei Telefonate galt es zu führen, das Ferngespräch probierte sie zuerst und kam sofort durch. »Hier Marion, grüß dich! Setz dich erstmal und schnall dich an. *Boizenburg* hat geliefert. Einige Positionen hab ich doppelt. Wenn ich alles richtig überblicke, fehlen viel*leicht* noch fünf Prozent. Ich hab das von dir und bißchen was aus Dresden und Erfurt, den Rest dort können sie sich an den Hut stecken. Unterm Strich hab ich hundertvierzig Prozent dick. Brauchst du 'ne Holzrutsche?«

Die Gratulation klang herzlich. »Den oder das Travertin nehme ich trotzdem, hab 'nen Abnehmer fest.«

»Mach Druck, daß das Zeug nicht ewig hier rumliegt. Wir können Freitag drüber reden.«

Jetzt die Nachricht an den Genossen Werkleiter, die *alles* umschmiß, die in die Werkchronik eingehen würde, gäbe es eine, mit ehernen Lettern. Der Werkleiter sei in einer Beratung, beschied die Sekretärin, darauf Marion Hippel sanft: »Holst ihn bitte raus, ab sofort ist alles ganz anders.«

»Auf deine Verantwortung.«

Schritte, der Genosse Direktor: »Wo brennt's?«

»Nichts brennt.« Und sie berichtete, der Plan sei keineswegs im Eimer, nichts müsse abgesenkt werden, vielmehr wäre absoluter Hochdruck nötig und angebracht. Jede VbE* rasant an Deck!

»Mensch prima, ich komm' runter sobald ich kann. An die Arbeit, Genossin!«

Aber der Werkleiter konnte wohl doch nicht alles andere abhaken und wegmodeln, noch eine halbe, eine Viertelstunde blieb für Bagdad und den Großen Plan und für die Freude über den Sieg. Sie mußte abschalten und Emotionen dämpfen, andere Fakten und Gefühle mobilisieren. Sie trat nicht als Bittstellerin auf, spielte nicht die Rolle einer Mutter, die sich vor der Staatsmacht in den Staub warf. Sie wendete sich als Genossin vertrauensvoll an einen Genossen, damit *kein Fehler* gemacht würde.

Blick in den Spiegel auf Haar, Lippen, Blusenkragen und Parteiabzeichen. Der Genosse Fahrer des Direktors brachte sie hin, so war es abgesprochen. Er fragte, wie lange es dauern würde. Eine Stunde etwa – da könnte er bei einem gewissen Dorfbäcker vorbeischauen, bei dem gäbe es manchmal Sechspfünder. Könnte man auch teilen, die Kawenzmänner.

---

* VbE – Vollbeschäftigteneinheit, eine Arbeitskraft

Der Parteisekretär der Bezirksanwaltschaft war ein schlanker, blasser Endzwanziger mit groben Zähnen hinter angespannten Lippen, für den es am bequemsten gewesen wäre, ununterbrochen zu blecken, was in dieser Funktion freilich unmöglich war. Sie entschied: Unsportlich, eifrig, verklemmt. Dankbar für weiblichen Zuspruch, allerdings nie im Rahmen seiner Funktion. Er hatte eine Akte vor sich und hob sie mit mageren Fingern hoch. Die Anrede: Genosse und Sie. Diese traurige Nacht läge nun zwei Monate zurück – sie sei sicher, ihr Sohn habe von Anfang an zur Aufklärung beigetragen. Was gab es schon aufzuklären? Die schlimme Nachricht durch die Trainer, die Sven aus allen Träumen reißen *mußte*, weder ihr Mann noch sie daheim, da rennt er zu seiner Freundin, will sich Trost holen, aber die...

»Bei der Hausdurchsuchung haben wir drei Westzeitschriften im Zimmer Ihres Sohnes gefunden, dazu sechzehn leere Zigarettenpackungen aus dem KA.«

»Ich war völlig überrascht.«

»Westzeitungen mit Wintersportorten im KA – wenn er *dort*hin ge*wollt* hätte? Natürlich mußten die Untersuchungsorgane von diesem Verdacht ausgehen. Versuchter Grenzdurchbruch, weil er legal keine Hoffnung hatte, dort starten zu können.«

»Aber das ist doch ganz unmöglich! Ich bitte Sie vor allem um eines, Genosse. Niemand soll Sven beeinflussen, einen Ausreiseantrag zu stellen. Mein Mann und ich werden alles tun, daß er hier wieder auf die Beine...«

»Die Zigarettenpackungen?«

»Ich hätte kontrollieren müssen, das werfe ich mir vor. Bitte: Ein gerechtes Urteil und bloß nicht nach dem

Westen lassen! Ihm gar nicht die Möglichkeit geben, daß er einen Antrag stellt. Wenn ich ihn besuchen könnte?«

»Wenn die Untersuchung abgeschlossen ist. Sie sollten ihm dann zureden, sich vor Gericht einsichtig zu zeigen.«

Nicken. »Und was meinen Sie, wie das Urteil...«

Er bedeckte seine Zähne mühsam, während er blätterte. Mochte er seine Macht genießen, sie würde ihm jeden Triumph lassen. Die Gesprächsebene hatte sie sauber austariert. *Bei*de hatten das gleiche Interesse: sozialistische Gerechtigkeit. Sven hatte Bockmist gebaut, sie wäre die letzte, die das nicht zugestehen wollte. Damit streifte sie die zulässige Grenze: »Was meinen Sie – auf Bewährung?«

Der Parteisekretär schüttelte ganz kurz den Kopf, ehe er seine Zähne freigab. »Ich bin nicht das Gericht. Er hat nicht gewußt, daß die Lichtsperre ausgeschaltet war, davon gehen wir aus. Wichtig ist das staatsbewußte Elternhaus. Alle Umstände werden einbezogen.«

Zaghaft: »Ein halbes Jahr?«

»Das wäre *biß*chen knapp. Aber gute Führung wird sowieso berücksichtigt. Zwei Monate hat er ja schon weg.«

Das Schlimmste war vorbei. »Wenn Sven entlassen wird, kann er selbstverständlich bei mir unterkommen.« Ob es möglich wäre, daß sich Sven *jetzt* freiwillig als BoB meldete? Gummi hatte ihr begeistert erzählt, das wäre Svens Absicht gewesen, ehe er sich aufgemacht hatte, unsicheren Ganges wohl, aber nicht torkelnd. Und dann hatte er sich in der Richtung geirrt. Besser, sie fragte nicht weiter, könnte als Provokation aufgefaßt werden. Wenn sie Sven besuchen durfte, würde sie ihm raten, in der Verhandlung zu erklären, er wollte sich *unmittelbar* nach

seiner Entlassung als Berufs*unter*offiziers-Bewerber verpflichten. Mal sehen, wie Giffi das fand.

»Genossin Hippel, das wär's wohl.« Der Parteisekretär
erhob sich, sie hatte es eilig, es ihm gleichzutun. Händedruck. Sie bedankte sich, er hielt sein Gebiß im Zaum.

Im Auto duftete es nach Brot. Ob sie sich einen Kanten
abschneiden wolle? Erstmal in den Betrieb.

Während der Fahrt sortierte sie das Gespräch eben ein.
Schlecht war es nicht gelaufen. Die Sache mit der Be-
werbung sollte Jürgen vorschlagen; im nächsten Brief
könnte sie es erwähnen. Heute abend.

Sie schrieb: »Ich kann schon verstehen, daß Dir die
Gegend dort auf den Geist geht. Alles flach. Für Pferde
hast Du Dich ja nie interessiert, aber vielleicht hilft Dir
was ganz Neues über den Schreck weg. Reitunterricht –
ich würde zusagen an Deiner Stelle. Ich bin natürlich
froh, aus unserem alten Schuppen rauszusein. Dort können mir alle gestohlen bleiben, wie sie sich benommen
haben! Spießrutenlauf. Die Kupferpfeife soll sich ihre
Doktorarbeit an den Hut stecken. Schreib Sven bitte
sofort...«

Sie goß sich Wein ein, »Hemus«. Sie mußte aufpassen,
daß es bei einer halben Flasche blieb. Jetzt ging es nicht
mehr in erster und auch nicht in dritter Linie nach Jürgen.
Doktor und Major – er wäre wahrscheinlich überge-
schnappt. Giffi – Sven mußte weg vom Bau und bei ihm
anfangen. Sie hatte Jürgen diesen verfluchten Absturz natürlich nicht gewünscht, aber da er nun einmal passiert
war, mußte sie abschätzen, was sich daraus *für sie* ergab.
Jetzt spielte *sie* zum ersten Mal in ihrer Ehe die erste
Geige. Jürgen – tapferer kleiner Aktivistinnengatte. Sie

würde überlegen, wann und wo und wem gegenüber sie dieses Scherzchen plazierte.

»Aufgrund meines Erfolges im Betrieb wurde mir eine Chance geboten. Du weißt ja, daß es jetzt sehr schwer ist, zu einem Fernstudium zugelassen zu werden. Aber sie haben ein Sonderstudium für Genossinnen eingerichtet, das nur zwei Jahre dauert. Wenn wir alles andere geklärt haben, möchte ich zugreifen. Was meinst du, Jürgen?«

Ein Glas würde sie noch trinken. Und wenn sie die Flasche auspichelte, wäre es auch kein Beinbruch. Sie hätte fragen sollen, ob sie ein Paket für Sven abgeben dürfe. Wahrscheinlich hätte der Staatsanwalt zurückgefragt, ob sie glaube, ihr Sohn würde nicht satt. Etwas besonderes tat ihm doch bestimmt gut, Obst, ein Stück Schinken. Lachsschinken. Vielleicht fragten andere Mütter heimlich beim Fleischer: Könnten Sie mir bitte ein Stück Lachsschinken weglegen? Für meinen Sohn, der ist im Gefängnis. Im Knast. Mein Gott, in was für einem Gedankengestrüpp verfing sie sich. Machten das die paar Glas Wein?

Eines sollte sie bedenken. Vielleicht hatte sie sich mit ihren Anja- und Zwillingsspielereien, oder sollte sie sagen Spinnereien? von Sven entfernt? Hatte er das instinktiv gespürt? War er deshalb nicht zuerst zu ihr gekommen, hatte nicht drei, vier Stunden warten können, sondern war zu diesem Gummi gerannt?

Abends hatte es Sven bestimmt am schwersten. Allein, alles still, vielleicht nichts mehr zu lesen. Ob er genau jetzt an sie dachte, Sehnsucht hatte? Sie würde sich nicht zu stark in diese Gedanken hineinsteigern dürfen, heute würde sie nicht heulen. Oder hatten sie ihm endlich den

Brief gegeben, den Gitti geschrieben hatte, er saß auf seiner Pritsche oder hatte einen Tisch in der Zelle und las ihn immer wieder? Vielleicht hat Gitti geschrieben, daß ich bei ihr war?

Die Kostümjacke hing über einem Bügel am Schrank. Mit ihrer Garderobe sollte sie einen Sprung versuchen. Die Prämie reinstecken, sich in Erfurt im Ex umschauen. Vielleicht sollte sie das Parteiabzeichen immer tragen, nicht nur zu Anlässen wie beim Blinden Seher oder während dieser Kombinatsberatung oder bei der Staatsanwaltschaft. *Im*mer im Betrieb, jetzt in einer Schlüsselposition; ohne sie ging nichts und mit ihr eine Menge.

Wo ein Abzeichen war, da war eine Genossin, da war die Partei. Klang flott, tja, ein Fläschchen »Hemus«! Wäre ein Bonmot fürs ND*.

Immer mitm Abzeichen also. Freitag auch?

---

* ND – Neues Deutschland, Zentralorgan der SED

19.   Ich mache mir nichts aus anderen Männern

Noch eine dreiviertel Stunde, wenn der Zug pünktlich war. Nicht fortgesetzt zur Uhr schauen und nur noch eine rauchen, frühestens in zehn Minuten.

Er versuchte sich vorzustellen, mit welchem Geräusch Marion die Tür geschlossen, wenn sie aus dem Bad ins Schlafzimmer gekommen war, und wie sie dabei gelächelt hatte. Dort würden sie nie wieder leben, mit Blick auf Wiesenhang und Gärten und Wald. Diesen Weg auf den Höh'n. War, wenn man das Ende abzog, eine gute Phase gewesen, eine ihrer besten.

Zehn Minuten vorher ging er hinaus, endlich, seinen Kaffee hatte er schon bezahlt, als er serviert worden war. Der Zug wurde angesagt, warum nannten sie dabei immer die Nummer, interessierte doch keinen. Zur Weiterfahrt nach Dresden über Leipzig-Riesa. Vorsicht bei der Einfahrt des Zuges!

Er sah sie sofort, den Mantel kannte er nicht, das Haar war lockiger oder vielleicht bloß verwuschelt. Sie reckte die Hand, als sie noch einige Meter vor ihm war, und legte ihm den Arm um den Hals. Sein Gedanke, daß ihm öffentliche Zärtlichkeit, wenn er Uniform trug, immer unangenehm war, hemmte nur kurz. Marion küßte ihn zweimal auf die Wange, beim ersten Mal verrutscht zur Nase hin, und redete sofort, wie glücklich sie sei, daß es so unerwartet geklappt hatte, es hätte ja auch im Betrieb etwas dazwischen kommen können. Mal bloß: Wenn sie ihn in dem Objekt da nicht an den Dienstapparat gelassen hätten! »Was hast du überhaupt gemacht, und wo?«

»War in Nordhausen.« Die Gaststätte sei nicht besonders, das Hotel gegenüber hätte Ruhetag, und weiter in die Stadt zu gehen wäre sinnlos bei der knappen Zeit – er hatte ihr ja schon am Telefon gesagt, daß ihm bestenfalls fünfzig Minuten blieben.

»Was hast du dort gemacht?«

»Ein Paket hingebracht.« Er öffnete die Tür zum Gastraum und ging ihr voran und sah, daß an dem Tisch, an dem er gewartet hatte, inzwischen ein Paar saß, aber weiter hinten war genügend frei.

»Bist doch wohl inzwischen nicht bei der Post, Jürgen?«

»Bin Kurier.«

Ob das nun Ehre wäre oder Strafe, vielleicht sei es doch nicht sicher, wie seine Stellung da oben einzuschätzen wäre?

Weder noch, mit seinem Dienst sei die Fahrt zu vereinbaren gewesen, sonst hätten sie einen anderen geschickt. Ein Päckchen übrigens, das in die Aktentasche gepaßt hatte, verschnürt und versiegelt, und nur einem bestimmten Offizier auszuhändigen war. Während des Setzens schaute er auf die Uhr, sieben Minuten waren vorbei. »Also, wie war's bei Sven?«

Sie blickte sofort völlig konzentriert, er sah zwei Fältchen neben ihren Mundwinkeln, verstärkt oder deutlich, weil trockener Puder blätterte. Svens Auftreten, wie er die Strafe hingenommen hatte, da hätte sie ihn von der Seite beobachtet, ihm wäre nicht viel anzumerken gewesen, aber zuletzt, als sie ein wenig seitab von den Bewachern gestanden hätten, wäre er radikal abgesackt.

»Ich weiß nicht, wann Sven zum letzten Mal so geweint hat. Als er neun war oder sieben. An meine Schulter hat er sich gelehnt, da war gleich ein nasser Fleck, und Mutti- muttimutti. Ich hab ihn gestreichelt und getröstet, fast vier Monate hätte er rum, in sechs Wochen wäre die Hälfte vorbei, dann wollte der Anwalt ein Gnadengesuch stellen. Auf dem Korridor hab ich die Kerle gesehen, die nach ihm drankamen, tätowiert, stumpfe Gesichter, Schlägertypen, und hab gedacht: Wenn er bloß nicht mit denen zusammensein muß. Der Verteidiger hat Svens staatsbewußtes Elternhaus hervorgehoben, bißchen phrasenhaft, er hat tatsächlich gesagt: Keimzelle des so- zialistischen Staates. Eine Viertelstunde hab ich noch ne- ben Sven bleiben können, ich hab nach den Kerlen ge- fragt, Sven hat mit vier von denen in einer Zelle gesessen, und sie haben Terror gemacht, Sven soll die Ausreise beantragen.«

»Sowas hättest du melden sollen.«

»Hab auch dran gedacht, Jürgen. Aber Sven ist ja gleich verlegt worden. Zwei haben Volkspolizisten verprügelt, einer hat nach dem Fußball eine Fahne geklaut und drauf- gepinkelt. Solche schieben sie nun nach dem Westen ab. Die müssen doch drüben endgültig unter die Räder kom- men. Du solltest auch mal etwas unternehmen, nicht daß es mir etwas ausmacht, selbstverständlich gehe ich wieder zum Staatsanwalt. Aber du als Hauptmann.«

»Marion, du brauchst nur zu sagen: Konkret, so und so, ich bin zwar noch nicht lange in Schwedt, aber wenn ich einen Antrag in dieser Sache stelle, dringend, lassen sie mich fahren. Hast du wieder was von Kupferblech gehört?«

Sie schüttelte den Kopf.

Er legte die Hand auf ihre Hand, schob den Jacken-
ärmel zurück und versuchte sich ihre Schulter vorzustellen; es war ja ganz unmöglich, daß er in der Hauptmanns-
uniform den Mund an ihren Hals legte. Wenn Soldaten
mit ihren Mädchen in der Öffentlichkeit – na schön.

»Daß Sven seine Lehrstelle behält, ist klar, das kriege
ich, da das Urteil feststeht, sogar schriftlich. Vielleicht
hat er später Möglichkeiten außerhalb vom Bau.«

Besser das Kadergespräch von letzter Woche noch
nicht erwähnen: Was Hauptmann Hippel nach einer eh-
renvollen Entlassung nächstes Jahr vorhaben könnte. In
einigen Bezirken würde die GST ausgeweitet. Schieß-
ausbilder dort, Waffenwart. »Und, wie fühlst du dich in
der neuen Wohnung?«

»Das Zimmer ist sogar einen Meter länger. Da kann ich
neben die Couch noch ein Tischchen stellen. Ich hab
beim Wohnungsamt argumentiert: Sven kommt zu mir
nach der Entlassung, hat eine Auflage vom Gericht, bei
mir zu wohnen. Ob ich das nachweisen könnte – schließlich hat die Tante das geschluckt. Du zählst sowieso voll
zum Haushalt.«

Beim nächsten Mal, wenn mehr Zeit wäre, könnte er
ihr erzählen, was ihn immer stärker beschäftigte: Eigen-
heimbau am Rand von Leipzig oder im S-Bahn-Bereich
bis Borsdorf. Sie könnten allerlei in Eigenleistung schaffen, Sven Maurerarbeiten, er die Installation oder wenigstens das meiste davon. Eine Stelle für Marion würde
sich finden, ewig ging das mit dem Schlachthof ja auch
nicht.

»Jürgen, sobald es klappt, komme ich für ein Wochenende hoch.«

»Klar, Marion.«

Noch elf Minuten. Bisher war die Bedienung nicht gekommen, nun brauchte er sie auch nicht mehr. Er schob seine Hand nach oben und verstärkte den Druck; er wartete, daß sie darauf reagierte. Noch nie hatte er, wenn er versetzt worden war und sie nicht gleich hatte nachziehen können, etwas von Treue gesagt, daß er nicht fremdgehen würde. Wenn er es jetzt tat, könnte sie vermuten, er hielte es nicht für selbstverständlich, denn warum erwähnte er es sonst? Sie könnte hinzufügen: Ich mache mir nichts aus anderen Männern. Es müßte ja nicht feierlich klingen: Ich bleib dir treu.

»Dein Dienst?«

»Streife wie an der Grenze West auch, bloß nicht so dicht.«

»Warst mal in Polen?«

»Nö, wieso?«

»Und das Reiten?«

»Spaß macht's nicht.« Noch vier Minuten. Er würde keinesfalls sagen: Marion, manchmal hab ich richtige Angst.

Erich Loest Werkausgabe

Jungen zogen in den Krieg, weil ihnen eingehämmert worden war, sie hätten ihr Vaterland zu verteidigen, und es sei süß, dafür zu sterben. Sie kamen als hoffnungslose junge Greise davon.

Erich Loest: Jungen die übrigblieben · 331 Seiten · Fadenheftung
Band 1 der Werkausgabe · DM 42,00 · ISBN 3-9802139-4-3

*

Ein Fußballroman, ein Studentenroman, ein Liebesroman? Ein junger Mann ist beneidenswert begabt als Fußballspieler und Physiker, das ruft Sportfunktionäre und Professoren auf den Plan.

Erich Loest: Der elfte Mann · 264 Seiten · Leinen · Fadenheftung
Band 2 der Werkausgabe · DM 38,00 · ISBN 3-9802139-5-1

*

Ein Mann kommt aus dem Gefängnis, seine Frau hat ein Kind von einem anderen. Groß wie die Liebe ist die Angst vor Spott hinter dem Rücken. Weit sind die Wege der Flucht.

Erich Loest: Schattenboxen · 224 Seiten · Leinen · Fadenheftung
Band 3 der Werkausgabe · DM 38,00 · ISBN 3-9802139-7-8

*

Jeder in der DDR kannte diese Sehnsucht: Einmal nach dem Westen fahren dürfen. Die DDR-Führung erteilte die Reisegnade nach Nützlichkeit und Belieben.

Erich Loest: Zwiebelmuster · 304 Seiten · Leinen · Fadenheftung
Band 4 der Werkausgabe · DM 38,00 · ISBN 3-9802139-2-7

*

Das Leben Karl Mays ist spannend wie der beste Karl-May-Roman. Es ist von Geheimnissen umgeben, die lange verdeckt werden können. Zwei Frauen kämpfen um den Platz an Mays Seite.

Erich Loest: Swallow, mein wackerer Mustang · 408 Seiten · Leinen · Fadenheftung
Band 5 der Werkausgabe · DM 44,00 · ISBN 3-9802139-9-4

*

Ein sächsischer Fabrikant ähnelt dem Naziführer Dr. Ley, daraus ergeben sich Irrungen sonder Zahl. Eine Parodie auf verlogene Memoirenliteratur.

Erich Loest: Die Mäuse des Dr. Ley · 256 Seiten · Leinen · Fadenheftung
Band 6 der Werkausgabe · DM 42,00 · ISBN 3-86152-002-8

Linden-Verlag

Schkeuditzer Str. 25 · 04155 Leipzig
Telefon (0341) 590 20 24 · Fax (0341) 590 44 36

Erich Loest im dtv

*»Lest Loest, und ihr wißt mehr über Leipzig
und wie alles gekommen ist.«*
Armin Eichholz

Zwiebelmuster
Roman
dtv 10919
»Dieser Roman erweist einmal mehr die Stärke Loests,
Alltag pointiert in Szene zu
setzen.« (Deutsches Allgemeines Sonntagsblatt)

Froschkonzert
Roman
dtv 11241
Satire auf bundesdeutsche
Krähwinkelei. »Es gibt nur
wenige Zeitromane, die so
viel Lesevergnügen berei-
ten.« (tz, München)

Durch die Erde ein Riß
Ein Lebenslauf
dtv 11318

Wälder, weit wie das Meer
Reisebilder
dtv 11507

Fallhöhe
Roman · dtv 11596
Die letzten Tage der DDR.

Nikolaikirche
Roman · dtv 12448
Chronik einer Leipziger
Familie. Ein Wende-Roman.

Völkerschlachtdenkmal
Roman
dtv 12533
Glanz und Elend der Stadt
Leipzig – ein Parforceritt
durch die Historie
Sachsens. »Listig ausge-
dacht, kunstvoll aufgebaut
und witzig formuliert.«
(Deutsches Allgemeines
Sonntagsblatt)

**Es geht seinen Gang
oder
Mühen in unserer Ebene**
Roman
dtv 12549
Ein Mann verweigert sich
dem Leistungsdruck in
Gesellschaft und Familie.
DDR-Roman.

Gute Genossen
Erzählung, naturtrüb
dtv 12861
»Man taucht in den Mief
des Parteibonzen-Regimes
ein – und versteht plötz-
lich, warum die Menschen
diese seltsame Welt ertru-
gen und auch ihre kleinen
Zukunftshoffnungen dar-
auf bauten.« (Nürnberger
Zeitung)

Heinrich Böll im dtv

»Man kann eine Grenze nur erkennen, wenn man sie
zu überschreiten versucht.«
Heinrich Böll

Heinrich Böll im <u>dtv</u>